xhaven
Stade
Bremerhaven
Buxtehude
Winsen
Buchholz
Osterholz-
Scharmbeck
Lüne
Lüneburg
Medingen
Bremen
Delmen-
horst
Achim
Lüneburger
Ebstorf
Uelzen
Weyhe
Bassum
Heide
Walsrode
Isenhagen
Nienburg
Celle
Mariensee
Neustadt
am Rübenberge
Wienhausen
Gifhorn
Langen-
hagen
Burgdorf
Wunstorf
Garbsen
Marienwerder
Lehrte
Wolfsburg
Barsinghausen
Hannover
Peine
Sehnde
bernkirchen
Wennigsen
Braunschweig
Helmstedt
Rinteln
Springe
Fischbeck
Wülfinghausen
Hildesheim
Wolfenbüttel
Hameln
Salzgitter
Goslar
Nationalpark
Harz
Einbeck
Osterode
Solling
Northeim
Herzberg
Göttingen

Evangelische Frauenklöster in Niedersachsen

Klosterkammer Hannover (Hrsg.)

Evangelische Frauenklöster in Niedersachsen

Klosterkammer Hannover

HINSTORFF

Cover: Geistliche Frauengemeinschaft Kloster Wennigsen.
Rückcover: Der Garten von Stift Obernkirchen ist nur zu besonderen Anlässen öffentlich zugänglich.
Seite 1: Sitzmadonna aus dem 13. Jahrhundert, Stift Börstel
Seite 5: Tür an der Gemeindekirche, Stift Bassum

Liebe Leserin, lieber Leser, wie hat Ihnen die Lektüre gefallen?
Wir freuen uns über Ihre Bewertung im Internet!

Die Deutsche Nationalbibliothek verzeichnet diese Publikation in der Deutschen Nationalbibliografie; detaillierte bibliografische Daten sind im Internet über
http://dnb.de abrufbar.

Lagerstraße 7 | 18055 Rostock
Tel.: 03 81 / 49 69 – 0
E-Mail: post@hinstorff.de
www.hinstorff.de

1. Auflage 2025
Herstellung: Hinstorff Verlag GmbH
Lektorat: Thomas Gallien
Projektbetreuung und Vorspänne zu den Kapiteln: Klosterkammer Hannover - Kristina Weidelhofer
Layout und Gestaltung: Madeleine Hartwig
Fotos: Katrin Kutter
Druck: Grafisches Centrum Cuno GmbH & Co. KG
Printed in Germany
ISBN 978-3-356-02563-7

Inhalt

ZUM GELEIT 9
Dr. Thela Wernstedt,
Präsidentin der Klosterkammer Hannover

EVANGELISCHE FRAUENKLÖSTER: 12
Ein niedersächsiches Alleinstellungsmerkmal
Prof. Dr. Thomas Kück, Leuphana Universität Lüneburg

KLOSTER LÜNE 20
Äbtissin Amélie Gräfin zu Dohna

KLOSTER MEDINGEN 28
Äbtissin Dr. Kristin Püttmann

KLOSTER EBSTORF 38
Äbtissin Angela Geschonke

KLOSTER ISENHAGEN 46
Äbtissin Cornelia Renders

DIE REFORMATION IN DEN KLÖSTERN: 57
Fortbestand und Wandel
Dr. Stephan Lüttich, Klosterkammer

KLOSTER WIENHAUSEN 60
Äbtissin Simone Dannenfeld

KLOSTER WALSRODE 70
Kristina Weidelhofer, Klosterkammer

KLOSTER MARIENSEE 80
Äbtissin Bärbel Görcke

KLOSTER MARIENWERDER 90
Kristina Weidelhofer, Klosterkammer

KLOSTER WENNIGSEN 98
Äbtissin Mareile Preuschhof

LITURGIE 109
Äbtissin Amélie Gräfin zu Dohna

KLOSTER WÜLFINGHAUSEN 112
Alt-Äbtissin Adelheid Wenzelmann

STIFT FISCHBECK 120
Äbtissin Katrin Woitack

STIFT OBERNKIRCHEN 128
Kapitularin Sybille Schlusche

KLOSTER BARSINGHAUSEN 136
Äbtissin Dr. Henrike Wahl

STIFT BÖRSTEL 144
Äbtissin Britta Rook

STIFT BASSUM 152
Äbtissin Isabell von Kameke

Zum Geleit

Warum geben wir ein Buch über niedersächsische evangelische Klöster und Stifte für alleinstehende Frauen heraus? Zum einen, weil deren Weiterbestehen im Nordwesten Deutschlands eine religionsgeschichtliche Ausnahme ist und diese spannende Geschichte immer wieder erzählt werden sollte. Zum anderen, weil wir überzeugt davon sind, dass das verbindliche Leben in christlichen Gemeinschaften in den Klöstern und Stiften eine sehr interessante und schöne Lebensmöglichkeit ist. Daher kommen in diesem Buch auch die im Kloster oder Stift lebenden Frauen zu Wort.

Wir, das sind die Mitarbeiterinnen und Mitarbeiter der Klosterkammer Hannover, einer Sonderbehörde des Landes Niedersachsen, die gleichzeitig eine Stiftungsverwaltung ist. Sie wurde zur Zeit der Personalunion zwischen dem englischen und dem hannoverschen Thron im Jahre 1818 gegründet. Stiftungsvermögen war größtenteils ehemaliges evangelisches und katholisches Kirchen- und Klostervermögen. Der Auftrag seit damals ist der Erhalt und die Pflege von überwiegend denkmalgeschützten Gebäuden und mehr als 12 000 Kunstgegenständen. Dies sind unter anderem 15 belebte Klöster und Stifte, 19 Klostergüter und insgesamt 43 evangelische und katholische Kirchen. Stiftungsaufgabe ist außerdem, soziale, geistliche und Bildungsprojekte zu fördern – ganz in dem Sinne des Wirkens früherer Klöster.

Bewohnerinnen und die Äbtissin des Klosters Marienwerder

Thela Wernstedt,
Präsidentin der Klosterkammer

Die jahrhundertealten Gebäude, in denen auch heute noch gelebt, gebetet und gearbeitet wird, ziehen uns immer noch an. Es waren und sind Lebensorte für selbstbewusste und gebildete Frauen, die die Geschehnisse ihrer Zeit mitbestimmt haben. Bis heute haben Frauen mit spannenden Lebensläufen und dem Herzen auf dem rechten Fleck ihren Weg in die niedersächsischen Klöster und Stifte gefunden, wenn sie auch ihr Dasein anders gestalten als die Nonnen des Mittelalters oder die Konventualinnen der Neuzeit.

Die Konvente in den Klöstern und die Kapitel in den Stiften richten ihr Leben gemeinsam und frei – immer mit Bezug auf das Christentum – ein, veranstalten teils wissenschaftliche Tagungen oder Konzerte. Viele Klöster und Stifte machen insbesondere für Kinder und Jugendliche interessante Angebote, bieten Pilgerinnen und Pilgern Zeit zum Rasten oder denen, die Ruhe und Seelenfrieden suchen, die Möglichkeiten zu einer Auszeit.

Möge das Buch ein wenig von der Geschichte und Gegenwart der Klöster und Stifte in Nordwestdeutschland erzählen und Sie neugierig machen auf eine Vergangenheit, die bis in die Gegenwart aktuell und lebendig ist.

Dr. Thela Wernstedt
Präsidentin der Klosterkammer Hannover

In den niedersächsischen Frauenklöstern gibt es viele Besonderheiten zu entdecken, so unter anderem die Skulptur einer Heiligen aus dem 15. Jahrhundert, Kloster Wennigsen (Seite 11).

Evangelische Frauenklöster: Ein niedersächsisches Alleinstellungsmerkmal

Von Prof. Dr. Thomas Kück

Ein erster Blick auf eine Landkarte, die historische Klöster im heutigen Niedersachsen zeigt, ergibt ein auffälliges Bild: Die Klöster sind räumlich ungleich verteilt. Während sich im Südwesten und im Südosten, um Osnabrück sowie im Raum Harz und Hildesheim, zahlreiche Einrichtungen finden, lassen sich im Norden nur wenige nachweisen. Woran liegt das?

Ein wesentlicher Grund ist in der Landschaftsprägung zu suchen: In den höhergelegenen Regionen des niedersächsischen Südens ließ es sich früher besser leben und wirtschaften als in den moorigen Sümpfen des Nordens. Und eine weitere Auffälligkeit ist festzustellen: Bei den wenigen Klöstern im Norden des heutigen Niedersachsen dominieren die Frauenklöster, und zwar sowohl im Benediktiner- als auch im Zisterzienserorden. Die Zisterzienserinnen bilden die größte Gruppe. Das galt allerdings auch für andere Länder im damaligen Reich, für Schwaben, Franken und für Thüringen.

Die Äbtissinnen der Klöster und Stifte im Verwaltungsbereich der Klosterkammer mit ihrer Präsidentin Thela Wernstedt (3. von links) und Kammerdirektor Matthias Nagel (5. von links)

Agnes von Landsberg, Schwiegertochter von Heinrich dem Löwen, Figur vom Ende des 13. Jahrhunderts, Kloster Wienhausen

Dass es im heutigen Niedersachsen verhältnismäßig viele Frauenklöster gibt, hat verschiedene historische Gründe, von denen ein zentrales Ereignis die Reformationen im 16. Jahrhundert waren. Zwar konnten sich die katholischen Konvente in den geistlichen Territorien Osnabrück, Münster und Hildesheim noch eine lange Zeit halten. Aber im Kontext der Säkularisierungsprozesse, die mit dem Beginn des 19. Jahrhunderts einsetzten, kamen sie letztlich an ihr Ende. Anders erging es den im Reformationsjahrhundert evangelisch gewordenen Frauenklöstern und Damenstiften. Die Umwandlung verlief jedoch nicht reibungslos und blieb nicht ohne Widerstand. Die Gründe dafür waren so vielfältig wie auch das Vorgehen der evangelisch gewordenen Landesfürsten und Regentinnen in Celle, Calenberg oder Wolfenbüttel unterschiedlich war. So brauchte es einige Jahrzehnte, bis sich zum Ende des 16. Jahrhunderts die fünf Calenberger Klöster Barsinghausen, Mariensee, Marienwerder, Wennigsen und Wülfinghausen, die sechs Lüneburger Klöster Ebstorf, Isenhagen, Lüne, Medingen, Walsrode und Wienhausen sowie die vier Damenstifte Bassum, Börstel, Fischbeck und Obernkirchen als evangelische Einrichtungen etabliert hatten.
Am Anfang stand Herzogin Elisabeth von Calenberg. Ihr Name sei hier genannt, denn mit ihrer von Antonius Corvinus ausgearbeiteten Kirchen- und Klosterordnung von 1542 hat sie eine theologische und juristische Grundlage geschaffen, die Geschichte schreiben sollte. Andere Herrschaften hatten diesen weiblichen Weitblick nicht. Auf der Grundlage jener Kirchen- und Klosterordnung, zu der später noch weitere Regelungen hinzukamen, war es für die Frauenklöster und Damenstifte möglich, die Idee der christlichen Freiheit evangelisch glaubwürdig zu leben und umzusetzen. Dass es ihnen überzeugend gelungen ist, zeigt ihre Beständigkeit im Verlauf der historischen Epochen, die jeweils existentielle Herausforderungen für evangelische Frauenklöster mit sich brachten: Sie dienten der Versorgung unverheirateter Töchter vornehmlich aus dem Adel und waren über Generationen ein „Who's Who" von Ritterschaft und Adel im niedersächsischen Raum. Sie übernahmen Bildungsaufgaben für sich und andere in Zeiten, als Bildung für Frauen kein öffentliches Thema war.

Grabplatte einer evangelischen Äbtissin des 16. Jahrhunderts im Kloster Medingen

Diese Nonnenfigur diente einstmals als Wegweiser zum Kloster Isenhagen.

Sie überstanden allgemeine Notzeiten und schwere Kriegsfolgen durch eigenes kluges Wirtschaften, durch Handwerk und Handel. Nicht nur handwerklich konnten Frauen in den Klöstern spinnen, weben und sticken, sondern auch im übertragenen Sinn waren sie Meisterinnen im Netzwerken und knüpften Beziehungen in alle Richtungen. In Zeiten der Aufklärung wurden sie nicht aufgelöst, weil man Frauen anders als Männern gesellschaftlich eine eigene Spiritualität und Religiosität zugestand. Schließlich überdauerten die Klöster die mit Napoleon einsetzende und in seiner Folge sich durchsetzende Säkularisation, eben weil sie schon seit dem Reformationsjahrhundert staatlicher Kontrolle unterstanden und dann seit 1818 in der Klosterkammer als einer Landesbehörde organisiert waren. Damit ist wiederum der Bogen zu Elisabeth von Calenberg gezogen, deren kluges Handeln es ermöglichte, dass sich die evangelischen Frauenklöster und Damenstifte zu einem niedersächsischen Alleinstellungsmerkmal entwickeln konnten.

Prof. Dr. Thomas Kück, Leuphana Universität Lüneburg, ist Vorsitzender der Gesellschaft für niedersächsische Kirchengeschichte

Als Sarggang wird der lange und dunkle Flur in der oberen Etage des Klosters Lüne bezeichnet. Von dort gingen die Kammern der Nonnen ab.

Im Priechengang auf dem Weg zur Nonnenempore des Klosters Wennigsen stehen zahlreiche Heiligenskulpturen.

Kloster Lüne

Das Gebäudeensemble des Klosters ist mehr als 600 Jahre alt, oben die Perspektive vom Vorplatz auf den Südflügel der Anlage.

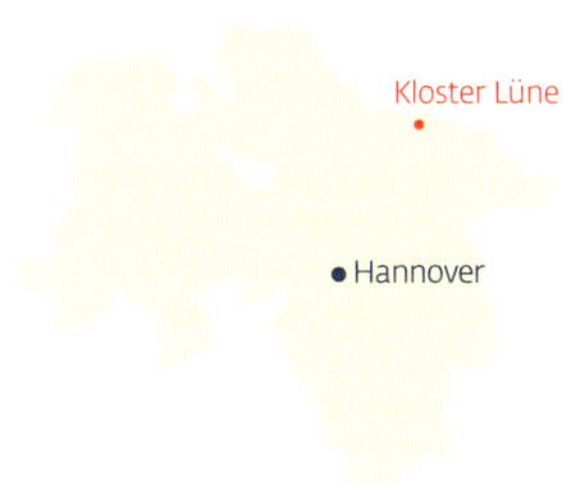

Poesiekonzerte, Meditationsabende, Vesper auf dem Nonnenchor – all dies bietet das Kloster Lune seinen Gästen heute. Hinzu kommt die Möglichkeit, im Teppichmuseum sakrale Textilien aus sieben Jahrhunderten zu betrachten und die darauf dargestellten Geschichten zu verinnerlichen – von der Geburt Christi, gestickt in einem Kunstwerk aus Wollfäden, bis zu einzigartigen Prozessionsfahnen in Temperamalerei. Im Rahmen von Führungen gibt es auch im Klostergebäude viel zu entdecken: den plätschernden gotischen Brunnen in der Eingangshalle, die teilweise bemalten Zellen im ehemaligen Schlaftrakt und eine zauberhafte Kulisse, die auch Fans der TV-Serie „Rote Rosen" wohlbekannt ist. Außerdem beherbergt das Kloster einen jahrhundertealten Schatz, der im Archiv lagert: Briefkopien von Nonnen, deren Inhalt vielfältig ist. Er gibt Aufschluss über den hohen Bildungsgrad der Benediktinerinnen.

Detail aus dem Weihnachtsfries vom Aufsatz des Hauptaltars in der Klosterkirche

Altar in der Barbarakapelle

DIE TEXTILEN SCHÄTZE DES **Klosters Lüne**

Von Amélie Gräfin zu Dohna

Das Kloster Lüne wurde im Jahr 1172 zum ersten Mal urkundlich erwähnt. Vorher hatte es an dieser Stelle bereits eine Kapelle und eine Einsiedelei gegeben. Die Mönche zogen weiter, Frauen kamen und blieben – bis heute.

1372 brannte das Kloster bis auf die Grundmauern nieder. Schnell wurde an derselben Stelle wiederaufgebaut. Das überwiegend backsteingotische Ensemble gibt den Eindruck von Geschlossenheit und Einheitlichkeit aus dem 15. Jahrhundert wieder.

Die Nonnen lebten nach der benediktinischen Regel ora et labora – bete und arbeite. Dieser Grundsatz geriet im Lauf der Zeit etwas in Vergessenheit. Das Kloster war reich durch die Anteile an der Lüneburger Saline und die Sitten wurden lockerer.

1481 kam durch einige Ebstorfer Nonnen die Bursfelder Reform nach Lüne. Diese Erneuerungsbewegung aus dem Benediktinerkloster Bursfelde an der Weser hatte zum Ziel, die Ordensregel wieder genauer zu befolgen. Ora – sieben Gebetszeiten am Tag – und labora wurden wieder ernst genommen. Interessanterweise wurde das Kloster durch die strengere Lebensform attraktiver, erlebte eine Blütezeit. 60 bis 80 Nonnen lebten in Lüne. Dazu kamen Laienschwestern, Bedienstete, Handwerker, ein großer Wirtschaftsbetrieb neben dem geistlichen Leben. Das Kloster musste baulich erweitert werden.

Der gotische Brunnen aus Bronze in der Eingangshalle zählt zu den besonders sehenswerten Schätzen des Klosters

Restauratorin beim Reinigen des Totenporträts der Äbtissin Catharina Margareta von Estorff

Äbtissin Catharina Margareta von Estorff, von 1634 bis 1659 Äbtissin des Klosters Lüne

Die Äbtissin Sophia von Bodendike und ihre Nachfolgerin Mechtild Wilde führten in Lüne als labora das Sticken von Teppichen ein. Auch in den Jahrhunderten zuvor waren Textilarbeiten im Kloster entstanden, Altar- und Fastentücher aus Leinen, fein bestickt mit Szenen aus der Bibel, mit Heiligen und Ornamenten.

Nun wurde im Klosterstich, einer materialsparenden Methode, gearbeitet, wieder mit dem inhaltlichen Schwerpunkt biblische Themen: Ostern, Auferstehung, Wurzel Jesse, Sibyllen und Propheten oder die Legenden des heiligen Bartholomäus – Patron des Klosters –, der heiligen Katharina, des heiligen Georg oder Pelikane, die auf Christus hinweisen. Die Nonnen hatten Humor. Kleine, witzige Szenen sind am Rand der Teppiche untergebracht. Eine Katze fängt eine Maus und macht „mau, mau". Ein Wolf predigt den Gänsen, die „tat, tat" schnattern. Die Tierdarstellungen zeigen, dass die Nonnen nur eine vage Vorstellung von Elefanten und anderen exotischen Tieren hatten. Wappen von Äbtissin und Probst in den Ecken verweisen auf die Entstehungszeit zwischen 1490 und 1510. Zum Teil ver-

Detail aus einem gestickten Bildteppich mit Szenen aus der Legende des Apostels Bartholomäus, dem Schutzpatron des Klosters

Detail von einer gestickten Altardecke, um 1325

Konventsfriedhof,
zwischen alten Gräbern

zeichnet sind auch die Namen der Stickerinnen. Im Winterremter, dem Speisesaal der Nonnen, steht der mehr als acht Meter lange Tisch, aus einem Eichenstamm gebeilt, an dem die Nonnen gegessen und gearbeitet haben – ohne elektrisches Licht und bei oft großer Kälte.

1529, in der Reformationszeit, zog Herzog Ernst der Bekenner die Besitztümer des Klosters ein. Die Saline erbrachte immer weniger Rendite und die Einnahmen des Klosters sanken.

In den letzten Kriegstagen 1945 wurde die Eisenbahnbrücke neben dem Kloster gesprengt. Das Kirchendach und die Fenster gingen zu Bruch. Das Kloster war verarmt und musste einige Textilien an Museen in Hamburg und Hannover verkaufen. Viele bedeutende Werke blieben jedoch vor Ort. Das Lüner Museum für sakrale Textilkunst, das an einen Kirchenraum erinnert, kann deshalb eine einzigartige Sammlung textiler Schätze zeigen, die dem Fleiß der Nonnen zu verdanken und Ausdruck ihres Glaubens sind.

Das Sticken war Gebet und Meditation – und dazu regen die Darstellungen auch heute die Besucherinnen und Besucher an: ora!

Äbtissin des Klosters:
Amélie Gräfin zu Dohna

Kloster Lüne

Eine um 1700 ausgemalte Klosterzelle

Kloster
Medingen

Innerhalb der klassizistischen, schlossähnlichen Klosteranlage finden in Medingen von April bis Oktober regelmäßig Führungen statt.

Eine schlossähnliche, klassizistische Klosteranlage mit Kirche im Mittelpunkt – in Auftrag gegeben von der Äbtissin Margarete Elisabeth von Braunschweig. Am 24. August 1788 wurde das neue Damenstift geweiht, nachdem die vormals bestehenden Gebäude einem großen Brand zum Opfer gefallen waren. Schutzpatron des Klosters Medingen ist der Heilige Mauritius. Über viele Jahrhunderte hinweg kamen die meisten Frauen des Konvents aus Patrizierfamilien Lüneburgs. Als wertvolles Zeichen der Macht gilt der im 15. Jahrhundert angefertigte, reich verzierte und vergoldete Äbtissinnenkrummstab. Jedes Jahr im August, am Tag des traditionellen Dank- und Weihfestes, zieht die Äbtissin damit in die Kirche ein. In Medingen haben viele Frauen wortwörtlich ihre Handschrift hinterlassen: Im 15. Jahrhundert entstanden etliche kostbare Gebetbücher, erstellt von den damals dort lebenden Nonnen als Akt der Andachtsübung. Heute finden sich die Originale der Medinger Handschriften in mehreren internationalen Bibliotheken.

Margaretha Elisabeth von Braunschweig, Äbtissin von 1755 – 1793

Gemälde der Äbtissin Catharina Prigge (1681 – 1706)

Porträt von Ottilie von Brömbsen, von 1850 – 1906 Äbtissin in Medingen

Kloster Medingen

„Halber Schleier, ganzer Schleier …"

Von Dr. Kristin Püttmann

„Und sie nahm den Schleier." Dieser Satz signalisierte in früheren Zeiten nicht, dass sich eine Frau verheiratete, vielmehr wurde so umschrieben, dass sie in ein Kloster ging. Die als heilig bezeichnete Kopfbedeckung erhielt seit dem Mittelalter die Novizin im Rahmen ihrer Profess – sie war nun Gott anvertraut. Dieser Vorgang spielte sich bis in die frühe Neuzeit in den Frauenklöstern um Lüneburg, zu denen auch Medingen gehört, viele Male ab.

Einen fundamentalen Wechsel hätte es eigentlich mit der Einführung des evangelisch-lutherischen Glaubens, der ja unter anderem das Klosterleben und seine Inhalte infrage stellte, geben müssen. Stattdessen vollzog sich eher eine Art Transformation mit nachhaltigen Elementen, die sich auch in der Gestaltung der Klostertracht erkennen lässt.

Nach einer langen, nicht immer leichten Umbruchphase waren aus gottgeweihten Nonnen evangelische Stiftsdamen geworden, die ihre Gemeinschaft immer noch als Konvent bezeichneten, eine Äbtissin und eine Priorin hatten und während der Gottesdienste ihre Plätze in Damenchören oder auf Emporen einnahmen. Die christliche Kloster-Gemeinschaft hielt sich weiterhin von der Gemeinschaft der übrigen Gläubigen fern, ihre Mitglieder waren aber nicht mehr lebenslang verpflichtet. Wer heiraten wollte, konnte gehen. Mit einer heimlichen Verlobung riskierte man zwar seine monatliche Präbende, tat man sie hingegen der Äbtissin kund, waren der Verbleib im Hause bis zur Heirat und die finanzielle Unterstützung gesichert.

Wie aber zeigte eine Frau diese neu gewonnene Freiheit? Womit konnte sie am besten öffentlichkeitswirksam werden? Es mussten neue Gewänder her, die durch ihre wohlüberlegte Gestaltung deutliche Hinweise geben sollten, wer man nun war. Der Ordenshabit wurde den katholischen Nonnen überlassen. Die neue Kleidung sollte die einer evangelischen Frau von Stand als Mitglied einer christlichen Gemeinschaft sein. Anleihen nahm man deshalb unter anderem bei den Kirchen-

Gobelin im Damenchor mit der Josephs-Geschichte, um 1570

Auf dem Weg zum lichtdurchfluteten Turmraum

trachten der Frauen der hanseatischen Kaufleute.
Schwarz und Weiß als Grundfarben blieben bestehen. Etwas modischer sollte es aber schon sein. Mit diesen Grundgedanken der Anpassung an weltliche, wandelbare Erscheinungsformen wurde der entscheidende Ton gesetzt und die bewusste Abkehr von dauerhaft gleichen Kirchengewändern vollzogen – von katholischer Standardisierung zu evangelischer Varianz. Demgegenüber blieben bezeichnende Worte für den Aufnahmestatus bestehen und wurden mit neuen Inhalten gefüllt: Wenn man in der Gemeinschaft angenommen wurde, erhielt man – so die Bezeichnung, die bis heute gültig ist – den „halben Schleier", bei der Aufnahme in den Konvent wurde man „zum ganzen Schleier eingeführt". Das hat sich bis in die Gegenwart nicht geändert und diese besonderen Stationen des Klosterlebens werden in Medingen in einer jahrhundertealten Chronik eingetragen.
Aus den Schleiern wurden jedoch Hauben, die man in ihrer Gestaltung genauso veränderte und der jeweiligen Mode anpasste wie die dazu getragenen Kleider. Die Beibehaltung der bedeutsamen Einzelteile, wie Schulter- oder Brusttuch und Schürze, ist hingegen unverrückbar konstant geblieben.
Wenn man also eine Haube „Schleier" nannte, ging es um das Festschreiben von althergebrachten Begriffen im Sinne einer nachhaltigen Tradition, die zwar neu konstituiert, also transformiert wurde, aber auf alten Gegebenheiten fußte.
Illustriert werden dieser Wandel und seine spezifischen Merkmale durch die zahlrei-

Äbtissinnenstab aus dem 15. Jahrhundert

Altar des an den Kirchenraum anschließenden Damenchores

WER MEIN FLEISCH ISSET UND TRINKET MEIN BLUT DER HAT DAS EWIGE LEBEN

Nocte surgentes vigilem9 omis
Ant. Servite dño. Euouae.
non abiit in consilio impior et in vi
a pccor no stetit: et i cathedra pesti
lencie non sedit. Sed in lege dni
voluntas eius: et in lege eius medit

Die „Tage alter Musik" finden in Medingen regelmäßig statt: hier mit dem Cellisten Adriano da Silva Trarbach sowie dem Geigenconsort Bremen und Jeroen Finke.

chen Äbtissinnenporträts, wie sie im Kapitelsaal des Klosters Medingen noch heute hängen. Allein die auf unterschiedliche Weise der jeweiligen Zeit entsprechenden Hauben wären eine nähere Betrachtung wert. Zunächst ist festzuhalten, dass nicht sämtliche Medinger Äbtissinnen in der Porträtsammlung vertreten sind. Dennoch lässt sich an den vorhandenen Bildern ein modischer Wandel ebenso ausmachen wie auch ein Verharren im Althergebrachten.

Grob gesehen zeigen sich besonders anhand der dargestellten Hauben Modifikationen, die allerdings immer eine für Medingen typische Form beibehalten. Das heißt, dass bei aller Ähnlichkeit mit der Mode der Zeit und der allgemeinen Erscheinungsform der Klostertracht der Lüneburger Häuser in der jeweils ortsbezogenen Gestaltung die Erkennbarkeit der Zugehörigkeit zu einem bestimmten Konvent – übrigens bis heute – erhalten geblieben ist und weiterentwickelt wird.

Kloster Medingen

Anfang des 16. Jahrhunderts beherbergte das Kloster mehr als 100 Nonnen.

Aus dem Kloster Medingen stammt eine Vielzahl mittelalterlicher Handschriften.

Blick über den Friedhof des Klosters Medingen, links der klassizistische Klosterbau, rechts das gotische Brauhaus aus dem Mittelalter

Kloster Ebstorf

Thela Wernstedt (links), Präsidentin der Klosterkammer, Äbtissin Angela Geschonke (3. von links) und ihre Amtsschwestern; links ist das Kloster Ebstorf von der Gartenseite aus zu sehen.

Im erstmals 1197 urkundlich erwähnten Kloster Ebstorf hat sich seit dessen Gründung viel geändert. Wie bereits damals im katholischen Benediktinerinnenkloster lebt die Äbtissin jedoch auch heute dort mit ihrem Konvent. Zu deren vielfältigen Aufgaben gehört es unter anderem, Führungen anzubieten. Hierbei entdecken Besucherinnen und Besucher im vollständig erhaltenen spätmittelalterlichen Kreuzgang Glasfenster aus dem frühen 15. Jahrhundert, die ihre eigenen Geschichten aus dem „Buch der Bücher" erzählen: Sie zeigen Daniel in der Löwengrube oder Abrahams Befreiung aus Ur in Chaldäa. Auch Christi Himmelfahrt ist dort zu sehen. Der touristische Publikumsmagnet aber ist ein Kunstschatz, der bereits verbrannt ist: die Ebstorfer Weltkarte.

Kloster Ebstorf

Die Ebstorfer Weltkarte

Von Angela Geschonke

Der größte Schatz neben den mehr als 800 Jahre alten Gebäuden und zahlreichen wertvollen Kunstwerken im Kloster Ebstorf ist die Ebstorfer Weltkarte. Viele Wissenschaftler haben sich schon mit ihrer Entstehungsgeschichte beschäftigt. Man geht davon aus, dass sie um 1300 im Kloster Ebstorf entstanden ist, gemalt auf 30 gegerbten Tierhäuten. Einzigartig ist auch ihre Größe von etwa 13 Quadratmetern. Die Karte spiegelt mit ihren über 2300 Eintragungen das gesamte historische, mythologische und theologische Wissen der damaligen Zeit wider.

Die Welt als Scheibe

Die Welt ist als Scheibe dargestellt, mit Jerusalem in der Mitte und dem Antlitz Christi am oberen, seinen Füßen am unteren Bildrand sowie seinen Händen an den Seiten. Jesus hält die Welt in seinen Armen, er ist die Welt. Die Karte wurde, wie viele aus der Zeit, nach Osten ausgerichtet. Drei Kontinente finden sich auf ihr: Europa, Asien und Afrika. Am Rand

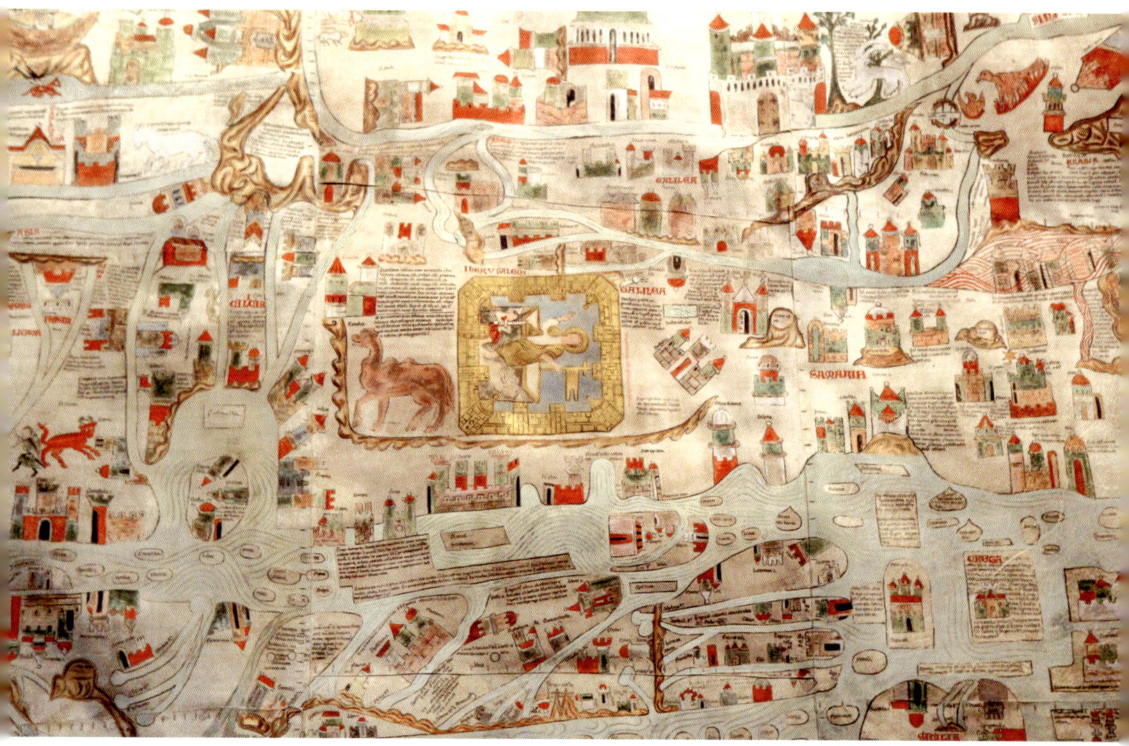

Die ausgestellte Ebstorfer Weltkarte – eine originalgetreue Kopie und trotzdem Anziehungspunkt für viele Besucherinnen und Besucher

fließt das Weltmeer. Prägnant sind die Darstellungen und Erzählungen aus dem Alten und Neuen Testament. Im Zentrum Jerusalem mit goldenen Mauern, in Galiläa Stationen aus dem Leben Jesu, wie zum Beispiel die Hochzeit von Kana oder sein Geburtstort Bethlehem. Aus dem Alten Testament finden sich die Arche Noah, die Stadt Babylon, Mose, wie er sein Volk durch das Meer führt, der Berg Sinai, der Turmbau zu Babel, Sodom und Gomorra. Das Paradies mit Adam und Eva war den Zeichnerinnen oder Zeichnern so wichtig, dass sie es direkt neben das Antlitz Gottes platzierten.

Die Heilige Katharina aus einer Farbverglasung im Kreuzgang des Klosters

Über 2300 Eintragungen

Städte werden als Burgen dargestellt, Berge als braune Wellen, Flüsse und Meer sind blau. Erstaunlich ist das geographische Wissen, das die Karte offenbart. Italien, Griechenland, Frankreich, Spanien, England und Schottland und deren wichtigste Städte sind gut zu erkennen. Venedig liegt im Wasser. Manche Besonderheiten lassen einen schmunzeln. Auf Roms Stadtmauern steht eine Wölfin und neben der Kaiserpfalz in Aachen erkennt der Betrachter einen kleinen Badezuber – als Hinweis auf die zahlreichen Thermalquellen an diesem Ort. Was für die Zeichner wichtig war, wurde größer dargestellt, unabhängig von den geographischen Gegebenheiten

Die Ebstorfer Weltkarte hat einen eigenen Raum im Kloster.

Niedersachsen und Ebstorf auf der Karte

Als erstaunlich erweist sich aber die Genauigkeit in der Wiedergabe des norddeutschen Raumes, was darauf schließen lässt, dass die Karte im Kloster Ebstorf

Sitzende Madonna aus dem 14. Jahrhundert auf dem Nonnenchor

Äbtissin Angela Geschonke (2. von links) bei ihrer Einführung in der Klosterkirche

entstanden ist. Neben Braunschweig mit dem Löwen, Hannover, den Bischofssitzen Verden und Bremen sowie der Salzstadt Lüneburg ist auch Ebstorf als „Ebbekestorpe" aufgeführt, mit einer kleinen Kapelle und drei Märtyrergräbern, die auf die Normannenschlacht 880 hinweisen sollen. Weniger bekannt war den Zeichnerinnen und Zeichnern Asien und das südliche Afrika. Seltsame Menschen, viele wilde und unbekannte Tiere, Geschichten aus der griechischen Mythologie und aus dem Leben Alexander des Großen finden sich dort wieder. Dessen Heerzüge ziehen sich über die gesamte Karte.

Und doch nur eine Kopie

Die Ebstorfer Konventualin Charlotte von Lassberg entdeckte die Karte im Jahr 1830 in einer alten Kammer des Klosters: Dort

„Jonas und der Wal", aus dem Heilsspiegel im Kreuzgang

Blick vom Innenhof auf die Klosterkirche

König David, Detail vom Altaraufsatz
auf dem Nonnenchor

lag sie aufgerollt und unbeachtet. Mäusefraß und Nässe hatten ihr zugesetzt. Sie wurde auf dem Nonnenchor aufgehängt und dann später ins Staatsarchiv nach Hannover gebracht, wo sie leider im Zweiten Weltkrieg nach einem Bombenangriff mit anderen wertvollen Dokumenten verbrannte. Vorher angefertigte Farbkopien und Lichtdrucke machten es möglich, dass in den 1950er-Jahren Reproduktionen von einem Bispinger Maler hergestellt werden konnten, finanziert von der Hamburger Firma Reemstma, die eine Kopie erhielt. Eine weitere befindet sich im Museum Lüneburg und die vierte in Kulmbach auf der Plassenburg.

Die Ebstorfer Weltkarte hat einen ganz besonderen Platz im Kloster Ebstorf und kann dort innerhalb einer Führung besichtigt werden.

Kloster Ebstorf

Der Klosterinnenhof im Herbst

Der Eingang zum Remter für
Besucherinnen und Besucher

Kloster Isenhagen

Der Südflügel des Klosters vom Garten aufgenommen (oben) und der Blick vom Innenhof auf den Nordflügel (links)

Im Kloster Isenhagen gibt es ein eigenes Museum, in dem viele Kostbarkeiten zu sehen sind – von mit Perlen bestickten Seiden- und Leinenparamenten und Wandbehängen über Urkunden bis zu edlen Goldschmiedearbeiten. Besondere Einblicke in die lange Geschichte des Klosters und über diejenigen Frauen, die es über Jahrhunderte hinweg geführt haben, gibt die Gemälde-Galerie der Äbtissinnen im Abtei-Saal, der zu besonderen Anlässen zugänglich ist. Das Kloster selbst ist kein Museum, sondern ein lebendiger Ort, an dem auch heute noch Frauen beten, arbeiten und leben. Ein weiterer Schatz ist der große Klostergarten, der einmal pro Jahr im Sommer für Besucherinnen und Besucher geöffnet wird.

Das Kloster Isenhagen – ein Schatz in der Südheide

Von Cornelia Renders

Im Jahr 1243 – gestiftet von Agnes von Landsberg, der Schwiegertochter Heinrichs des Löwen von Braunschweig – entstand das Gründungskloster in Alt-Isenhagen. Es wurde zunächst 16 Jahre von Mönchen bewohnt, die Beichtväter der Nonnen im Schwesterkloster Wienhausen sein sollten.

Nach einem Brand im Jahr 1259 und der Flucht der Mönche kamen die Frauen. 1327 verlegten sie das von ihnen gegründete Nonnenkloster in die Ortsmitte von Hankensbüttel. Dort fanden sie, durch die Beherbergung der Durchreisenden an einer wichtigen Handelsstraße, keine Ruhe und nicht die ausreichende Stille für die Gebetszeiten. Erst am dritten Standort hatten sie die richtige Acker-Scholle für sich gefunden. Heute, nach knapp 700 Jahren, ist dieser besondere Ort immer noch ohne Unterbrechung bewohnt. Seit der Reformation leben Frauen, die den Konvent bilden, in evangelisch-geistlicher Gemeinschaft im Haus zusammen.

Gemeinsame Mahlzeiten finden im Kloster Isenhagen regelmäßig statt.

Die Tür im mittelalterlichen Nordflügel des Kreuzganges gibt den Blick in den Innenhof frei.

Im Sommer lädt das Labyrinth im Klostergarten zum Durchschreiten ein; eine meditative Lebensweg-Übung.

Die große Linde vor dem Eingang zur Kirche empfängt Besucherinnen und Besucher an diesem Kraft-Ort. Bereits im Mittelalter trafen sich Menschen an Linden, um sich im Gespräch auszutauschen, zu singen oder zu tanzen. Die Bäume standen symbolisch für Heimat, Frieden und Gemeinschaft. Die herzförmigen Blätter machten sie außerdem zum Zeichen für die Liebe. So liegt die Vermutung nahe, dass die Linde in Isenhagen, zum Nationalerbe erklärt, vor 485 Jahren gepflanzt worden sein dürfte, als das Kloster evangelisch wurde. Zwar hatte es Widerstände der Nonnen gegen die Reformation durch den Landesherren, Ernst den Bekenner, gegeben, dennoch kann es ein positiver Anlass gewesen sein, diesen Baum zu pflanzen – nach Jahren von Krieg, Zerstörung und Krankheiten.

Der rund 7500 Quadratmeter große Garten prägt das Kloster Isenhagen und sorgt für Nachhaltigkeit bei der Versorgung des Konventes. Er liefert Gemüse und Obst, die nahezu ganzjährig als Vorräte zur Verfügung stehen. In seiner Vielfalt schafft der Garten Lebensräume für Insekten, Tiere und Pflanzen. Zudem ist er in einer histo-

Besprechung im Konventszimmer: Äbtissin Cornelia Renders (2. von rechts) und drei der Konventualinnen

Der Kreuzgang aus dem 14. Jahrhundert entstand in mehreren Bauabschnitten.

Die Kanzel in der Klosterkirche aus dem 17. Jahrhundert ruht auf den Schultern von Mose.

Weibliche Heilige. Detail einer gestickten Altardecke des 14. Jahrhunderts, Kloster Isenhagen

Reliefstickerei auf einem Antependium, um 1500

Die Gartentür in den Südflügel des Klosters

risch-barocken Weise angelegt. Auch im Innenhof des Kreuzgangs wachsen besondere Bäume; sie deuten auf die Erfahrungen mit und das Wissen über Heilpflanzen hin, welches die Bewohnerinnen in der jeweiligen Zeit hatten.

In den Fluren befinden sich wertvolle alte Truhen und Schränke. Sie geben eindrucksvolle Einblicke in die Entwicklung mittelalterlicher Möbelkunst. Liturgische Textilien mit kostbaren Perlenstickereien dokumentieren die handwerkliche Geschicklichkeit vergangener Jahrhunderte und komplettieren den Eindruck eines vielfältigen Klosterlebens.

Das geistliche Leben setzen bis heute die im Kloster wohnenden evangelischen Frauen wie früher in Fürbitte und liturgischen Gesängen fort. Innerhalb des Konventes, aber auch gemeinsam mit Gästen finden die Gebetszeiten statt. Das Leitwort des Klosters Isenhagen – „Porta patet – cor magis": „Weit offen die Tür – noch weiter das Herz" – findet seine praktische Anwendung im Gästehaus am Kloster: In der heutigen schnelllebigen Zeit können sich Frauen ein Kloster-Retreat als Auszeit oder als Rückzugsraum zum Nachdenken während Lebensumbrüchen gestalten. Geistliche Begleitung gehört zum Kloster-Angebot.

Kloster Isenhagen

Äbtissin Cornelia Renders sucht Blumen für den Altarschmuck aus.

Schränke aus dem 16. und 17. Jahrhundert im oberen Kreuzgang

Zum „Lebendigen Adventskalender" 2024 kamen auf Einladung des Konventes zahlreiche Gäste und versammelten sich vor der Kirche in Isenhagen.

Die Reformation in den Klöstern:
Fortbestand und Wandel

Von Dr. Stephan Lüttich

Im Jahr 2017 wurde mit großem Aufwand das fünfhundertjährige Jubiläum der Reformation gefeiert. In großen Teilen der Öffentlichkeit verstärkte sich damit der Eindruck, die Reformation sei ein Ereignis gewesen, das man auf ein bestimmtes Datum festlegen könne. Doch dieser Eindruck entspricht nicht der Wirklichkeit. Die protestantische Reformation war ein komplexer und vielschichtiger Prozess, der sich über viele Jahrzehnte erstreckte. Und das gilt insbesondere für die Frauenklöster.

Spätmittelalterliche Nonnenklöster waren Orte, an denen Frauen anders als in der patriarchal geprägten säkularen Ständegesellschaft relativ selbstbestimmt agieren und ein intellektuell durchaus anspruchsvolles, von hoher literarischer und kultureller Bildung geprägtes religiöses Leben gestalten konnten. Dieses wollten nicht wenige Klosterfrauen nur sehr ungern aufgeben.

Die meisten in den Klöstern lebenden Frauen haben die Reformation deshalb nicht als Befreiung aus einer ungewollten und ungeliebten Lebensform begrüßt. Ganz im Gegenteil. Fast alle Konvente sträubten sich mit Händen und Füßen dagegen, das neue Bekenntnis anzunehmen. So wird aus dem Kloster Medingen berichtet, die Äbtissin habe 1524 das von Herzog Ernst von Braunschweig-Lüneburg übersandte Neue Testament in der niederdeutschen Volkssprache im Brauhaus des Klosters verbrannt. Erst nach einem dreißigjährigen „Nonnenkrieg" bekannte sich der Konvent 1554 zur Reformation.

Klösterliche Reformbewegungen des Spätmittelalters hatten sich durch geistlichen Austausch zwischen den Konventen vielerorts gleichsam von innen heraus durchgesetzt.

Die spätgotischen farbigen Glasmalereien mit dem Schutzpatron Johannes der Taufer, der Kreuzigung Christi und dem Heiligen Benedikt im Chor der Klosterkapelle in Walsrode zählen zu den besten in Norddeutschland.

Die protestantische Reformation wurde dagegen vom Landesherrn letztlich mit Gewalt von außen erzwungen. So ließ Herzog Ernst in Medingen und Wienhausen ganze Gebäudeteile der Klöster abreißen, um die Ordensfrauen zum Einlenken zu bewegen – zunächst ohne Erfolg.
Nicht zuletzt wegen dieses starken Widerstands der Klosterfrauen gibt es keinen festen Zeitpunkt, an dem vormals katholische Nonnenklöster durch einen formalen Akt in evangelische Damenstifte umgewandelt wurden. Stattdessen fand bis weit ins 17. Jahrhundert ein langsamer und sachter Übergang zur evangelischen Konfession statt. Am Anfang stand wie 1542 im Fürstentum Calenberg-Göttingen die Einführung einer evangelischen Klosterordnung. In fast allen Klöstern jedoch hielt sich noch sehr lange der klösterliche Brauch des gemeinsamen Essens im Refektorium. Und auch das gemeinsame Stundengebet wurde zwar angepasst und vereinfacht, aber nicht aufgegeben. Die Klöster blieben geistliche Einrichtungen. Obwohl der Erhalt der Frauenklöster durch die protestantisch gewordenen Fürsten sicherlich auch wirtschaftlich und sozial motiviert war, gibt es keine vertretbaren Gründe, von einer Reduzierung der Klöster auf reine Versorgungsanstalten zu sprechen.

In einem langen Prozess formt die protestantische Reformation eine fruchtbare Verbindung von Fortbestand und Wandel: Elemente vorreformatorischen klösterlichen Lebens wie Stundengebet oder Kirchentracht wurden beibehalten, gleichzeitig aber in einen ganz neuen theologischen und lebensweltlichen Kontext gestellt, äußerlich und inhaltlich umgebildet.
So entsteht die ganz besondere evangelische Klosterlandschaft in Niedersachsen.

Dr. Stephan Lüttich leitet in der Klosterkammer Hannover die Abteilung Förderungen/Klöster & Stifte

Glasfenster mit dem Glaubensbekenntnis aus dem südlichen Kreuzgang des Klosters Ebstorf, entstanden in nachreformatorischer Zeit

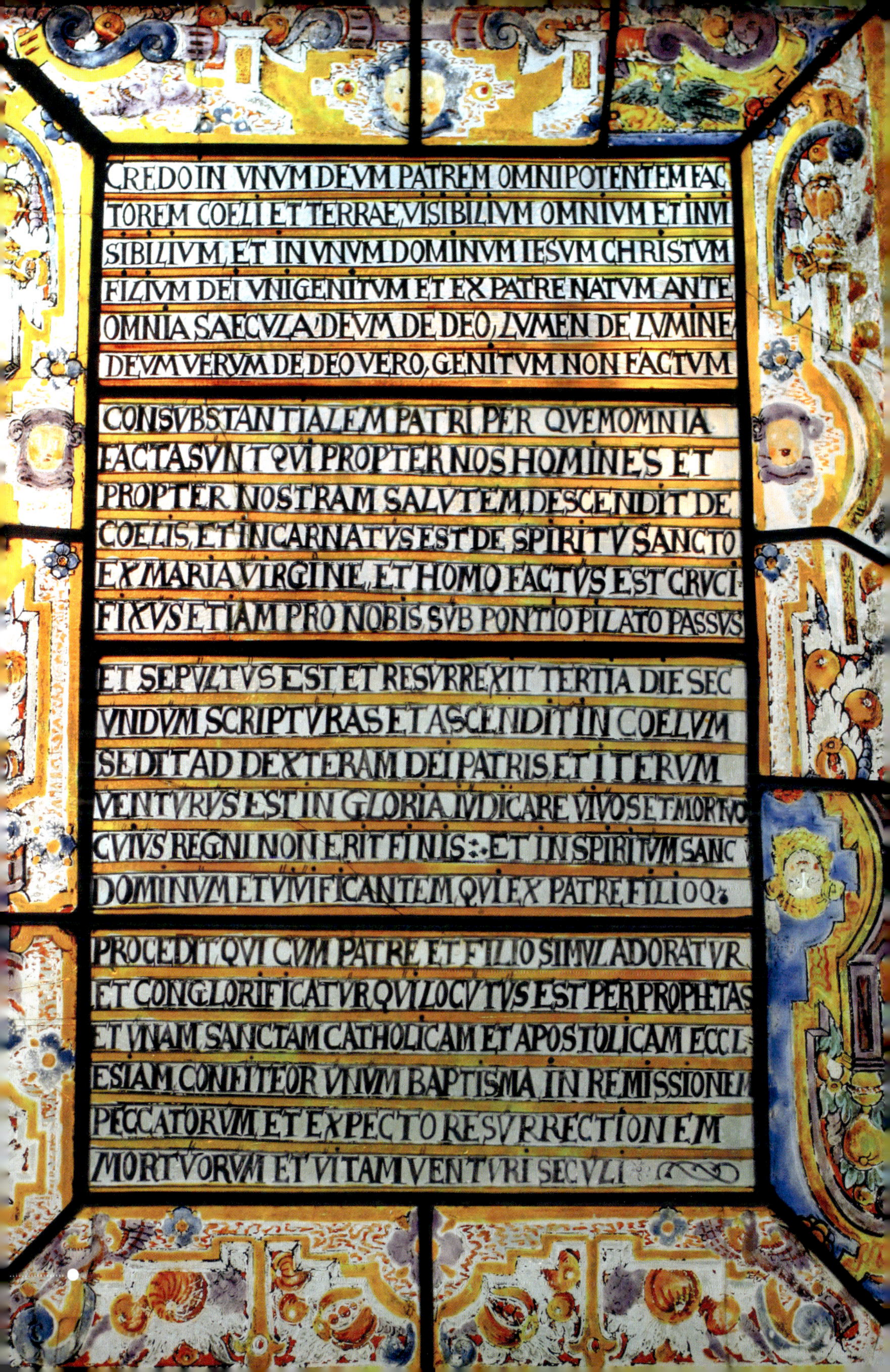
CREDO IN VNVM DEVM PATREM OMNIPOTENTEM FAC
TOREM COELI ET TERRAE, VISIBILIVM OMNIVM ET INVI
SIBILIVM, ET IN VNVM DOMINVM IESVM CHRISTVM
FILIVM DEI VNIGENITVM ET EX PATRE NATVM ANTE
OMNIA SAECVLA, DEVM DE DEO, LVMEN DE LVMINE,
DEVM VERVM DE DEO VERO, GENITVM NON FACTVM
CONSVBSTANTIALEM PATRI, PER QVEM OMNIA
FACTA SVNT, QVI PROPTER NOS HOMINES ET
PROPTER NOSTRAM SALVTEM DESCENDIT DE
COELIS, ET INCARNATVS EST DE SPIRITV SANCTO
EX MARIA VIRGINE, ET HOMO FACTVS EST. CRVCI
FIXVS ETIAM PRO NOBIS SVB PONTIO PILATO PASSVS
ET SEPVLTVS EST ET RESVRREXIT TERTIA DIE SEC
VNDVM SCRIPTVRAS ET ASCENDIT IN COELVM
SEDIT AD DEXTERAM DEI PATRIS ET ITERVM
VENTVRVS EST IN GLORIA IVDICARE VIVOS ET MORTVO
CVIVS REGNI NON ERIT FINIS: ET IN SPIRITVM SANC
DOMINVM ET VIVIFICANTEM QVI EX PATRE FILIOQ.
PROCEDIT QVI CVM PATRE ET FILIO SIMVL ADORATVR
ET CONGLORIFICATVR QVI LOCVTVS EST PER PROPHETAS
ET VNAM SANCTAM CATHOLICAM ET APOSTOLICAM ECCL
ESIAM CONFITEOR VNVM BAPTISMA IN REMISSIONEM
PECCATORVM ET EXPECTO RESVRRECTIONEM
MORTVORVM ET VITAM VENTVRI SECVLI

Kloster
Wienhausen

Das Kloster vom Park-Eingang aus betrachtet (links); Jugendliche im Rasen-Labyrinth in einem der beiden Innenhöfe des Klosters (oben)

Wer nach Wienhausen kommt, wird von einem jahrhundertealten Gesamtkunstwerk begrüßt: Das Kloster aus dem 13. Jahrhundert, in norddeutscher roter Backsteingotik errichtet, mit Doppelgiebel und dem für Zisterzienserklöster so typischen Dachreiter, steht dabei im Mittelpunkt. Um dieses herum schmiegen sich die zahlreichen Fachwerkhäuser Ton in Ton. Hinzu kommen die alte Mühle und der am Kloster vorbeifließende Mühlenkanal. Das heute bekannteste Heidekloster birgt in seinem Inneren viele Kunstschätze – von zahlreichen Teppichen aus dem 14. und 15. Jahrhundert bis zu den ältesten Brillen der Welt. Im bis in die Gegenwart erhaltenen, vollständig ausgemalten mittelalterlichen Nonnenchor können Besucherinnen und Besucher von Anfang April bis Ende September freitagabends gemeinsam mit den im Kloster wohnenden Frauen das Abendgebet singen und den sich dort ausbreitenden Zauber selbst erleben.

Christus-Figur aus Holz, entstanden im 15. Jahrhundert

Abiturientinnen bei einer Pause während eines Achtsamkeitstages

Klostergang mit Blick auf die Konventskapelle

Gottvertrauen hinter 800 Jahre alten Mauern – **Kloster Wienhausen** als Ort einer spirituellen Sehnsucht

Von Simone Dannenfeld

Mittelalterliche Klostermauern wecken auch heute bei vielen Menschen eine Sehnsucht nach christlicher Spiritualität. Das um 1230 gegründete Kloster Wienhausen hat neben dem Park, den viele Gäste auch als Möglichkeit der Gottesbegegnung in der Natur wahrnehmen, bedeutende Plätze, die zur Meditation einladen.

Manche zieht es immer wieder an diesen Ort, den sie als heilsam erleben und der die Seele zum Schwingen bringt. Dabei ist das Kloster von der Osterbotschaft geprägt. Das Motiv des Auferstehenden, der im Moment der Auferweckung von den Toten ein Bein noch im Grab hat und eines bereits außerhalb, zieht sich wie ein roter Faden durch das mittelalterliche Bildprogramm des Klosters. Insbesondere die überbordende Farbwelt und theologische Vielgestaltigkeit des Nonnenchores aus der Zeit um 1330, der wie eine eigene Kirche wirkt, lässt niemanden unbeeindruckt.

Yoga im Nonnenchor: Schülerinnen und Schüler aus dem nächstgelegenen Gymnasium beim erstmals angebotenen Resilienztag im Kloster Wienhausen

Das Kloster Wienhausen birgt in seinem Inneren viele Kunstschätze. Dazu gehört die Maria mit Kind als Prozessionsfigur, entstanden um 1470.

Die Mitglieder des evangelischen Frauenkonventes und manch regelmäßige Besucherinnen und Besucher haben ihre Lieblingsorte der persönlichen Einkehr: das Heilige Grab, die Statue des Auferstehenden, die Wienhäuser Madonna, die Pietà in der Allerheiligenkapelle und das Labyrinth in einem der beiden Innenhöfe.

Das Kloster bietet seinen Gästen die Möglichkeit, die Spiritualität des Ortes bei öffentlichen Veranstaltungen und auch bei Stickkursen zu erleben. Schon seit vielen Jahren lädt der Konvent freitags in der Führungssaison zum gesungenen Abendgebet in den Nonnenchor ein. Gute Traditionen sind der lebendige Adventskalender am 4. Advent und die bewegende Osternacht am Ostersonntag um 5 Uhr. Für viele Besucherinnen und Besucher beginnt Ostern traditionell mit dem Einzug des Osterlichtes in den Nonnenchor. Die Veranstaltung in Kooperation mit der örtlichen Kirchengemeinde erfreut sich besonders großer Beliebtheit.

Das Kloster ist bestrebt, neben den klassischen Führungen die christlich-spirituellen Angebote auszuweiten. So gibt es seit einiger Zeit Programme im Rasen-

Im Lichtspiel der Buntglasfenster

Der Auferstehende: Ausschnitt aus einer Malerei auf dem Heiligen Grab

Die Wienhäuser Madonna im Westkreuzgang, entstanden im späten 13. Jahrhundert

Eine Mondsichelmadonna aus der zweiten Hälfte des 15. Jahrhunderts

Labyrinth in einem der beiden Innenhöfe und besinnliche Führungen passend zum Kirchenjahr in der kalten Jahreszeit. Neu sind Andachten zum Bildprogramm des Nonnenchores, die auf Einladung des Konvents im Rahmen des Projekts „Kostproben der Spiritualität" vom Ortspastor gestaltet werden.

Auch Jugendliche und ihre Bedürfnisse in einer krisenbehafteten und komplizierten Welt sollen in Zukunft mehr in den Blick genommen werden. So gab es im August 2024 erstmals einen Resilienz-Tag mit Abiturientinnen und Abiturienten des nächstgelegenen Gymnasiums. Das mit Lehrkräften der Schule und externen

Detail des Chorgestühls im Nonnenchor

Jahrhundertealte Truhen und Schränke im sogenannten Glockengang

Auch das Heilige Grab mit einer Christusfigur aus dem 13. Jahrhundert und einem Schrein aus dem 15. Jahrhundert wird bei Klosterführungen gezeigt.

Trainerinnen gestaltete Programm zu Fragen der Lebensgestaltung mit Achtsamkeitsübungen, Zeitmanagement-Training, einer christlichen Andachtsmöglichkeit und Yoga im Nonnenchor wurde von den Jugendlichen dankbar angenommen. Die Lehrkräfte sind überzeugt, dass der Ort für die Veranstaltung besonders wichtig ist. Die emotional ansprechende und Stille ausstrahlende Umgebung mit der Aura der durchbeteten Jahrhunderte gibt den Jugendlichen die Sicherheit, um sich zu öffnen.

Kloster Wienhausen

Außerhalb der Saison hält der Wienhäuser Konvent seine Andachten in der Kapelle des Auferstehenden.

Zum „Lebendigen Adventskalender" 2024 begrüßte das Kloster mehr als 100 Gäste.

In der Führungssaison lädt der Konvent freitags zum gesungenen Abendgebet in den Nonnenchor des Klosters ein.

Die im 14. und 15. Jahrhundert ausgemalte Allerheiligenkapelle mit den ältesten Glasmalereien des Klosters aus dem 13. Jahrhundert

Kloster
Walsrode

Kloster Walsrode, das älteste der Lüneburger Klöster, gegründet vor 986. Nach einem verheerenden Brand 1482 wurde die Anlage wiederaufgebaut und im 18. Jahrhundert baulich verändert.

Ein geöffnetes schmiedeeisernes Tor, umgeben von einer hohen Ziegelmauer, lädt die Besucherinnen und Besucher ins Kloster Walsrode ein, dem ältesten der sechs Frauenklöster im ehemaligen Fürstentum Lüneburg. Wer eintritt, den umfängt eine Atmosphäre der Entschleunigung. Eine andere Welt öffnet sich – ein langgestreckter Barockbau aus Ziegeln und drei kleine Häuser sind zu sehen. Fotos von Schülerinnen und Schülern, die an der Klostermauer angebracht sind, spiegeln eine zugewandte und lebendige Stimmung wider.

Remter oder Refektorium. Vor der Reformation der gemeinsame Speisesaal, wurde der Raum nach einer Zustiftung Kaisers Wilhelm II. 1910 im Stil der Neogotik restauriert und mit Portraits der Äbtissinnen seit dem 19. Jahrhundert versehen. Heute wird er vom Standesamt und für Kulturveranstaltungen genutzt.

Vielseitig und weltzugewandt – Kloster Walsrode

Von Kristina Weidelhofer

Im Bothmerschen Haus lebt und arbeitet die Äbtissin, Eva von Westerholt. Die promovierte Juristin und Kulturmanagerin lenkt und leitet gemeinsam mit dem Konvent das Klosterleben: zugewandt, präsent, elegant gekleidet, eloquent. Von Anbeginn ihrer Amtszeit 2020 verfolgen die Frauen im Konvent gemeinsam mit ihr die Absicht, das Kloster zum Teil der Stadtgesellschaft zu machen. Sie wollen Menschen einen Schutzraum bieten, sich für Bildungsinstitutionen öffnen, einen Ort der Begegnung schaffen und hochwertige Kultur für Kinder, Jugendliche und Erwachsene anbieten. Die parkähnliche Gartenanlage ist heute ein beliebter Aufenthaltsort für Walsroder und Touristen.

Mit bunten Blumen und Ornamenten bemalte barocke Holzdecke im Kapellenchor aus dem 18. Jahrhundert, beauftragt von Äbtissin von Hinüber

Die Äbtissin

Von Amtsantritt an war es Ziel von Konvent und Äbtissin, das Kloster aus seinem Dornröschenschlaf zu wecken. Vernetzt mit der Welt, offen für neue Gedanken, Experimente, Formen mit vielen unterschiedlichen Menschen. Ob Klezmer, Klassik, Kleinkunst, Lesungen oder Partizipation an Projekten, ihre Qualität verbindet die unterschiedlichen Formate. Die Umsetzung erfolgt im Austausch und in der Zusammenarbeit mit der Kirchengemeinde, Entscheiderinnen und Entscheidern der Stadt, mit Persönlichkeiten aus Kultur, Politik und Bildung, der Presse, Ehrenamt-

Portrait von Sophie Dorotee von Hinuber, Äbtissin von 1775 – 1803 (Foto: Ulrich Loeper)

Kleines Cellokonzert im Rahmen der Heringsspende für die Viertklässler aller Walsroder Schulen im Jahr 2024

Stifterfigur des Grafen Wale in einem romanischen Nischenfenster, Skulptur um 1300

Der „Lange Gang" von 1720 im Haupthaus mit Barocktüren zu den Wohnungen der Konventualinnen, geschmückt mit den Familienwappen der ehemaligen adeligen Bewohnerinnen

lichen und – als Wichtigstes – vielen begeisterten Besucherinnen und Besuchern.

Der Konvent

Konvent und Äbtissin bilden die christliche Gemeinschaft, der aktive Teil lebt im Kloster Walsrode. „Wir sind ein christliches Haus und leben von Öffnung, Frieden, Modernität und einem lebendigen Austausch, der die Ökumene einschließt", unterstreicht die Äbtissin. Dies gilt ebenfalls für das Leben im Konvent. „Frauen, die gerne in einer christlichen Gemeinschaft in einer Einheit von Ehrenamt und Glauben leben möchten, sind herzlich willkommen. Diese Lebensform lässt sich auch ausprobieren – ‚Kloster auf Zeit'", so die Äbtissin. Das Leitbild des Klosters „GEMEINSAM statt einsam" spiegelt das Verständnis des dortigen Zusammenlebens wider und bietet eine Option für protestantische Frauen in einer Zeit, in der Vereinsamung eines der großen gesellschaftlichen Probleme darstellt.

Die aktiven Frauen übernehmen die täglichen Führungen, betreuen die kulturel-

„Gemeinsam statt Einsam" – Zusammensitzen der aktiven Konventualinnen

Im Kloster Walsrode leben seit über 1000 Jahren Frauen in christlicher Gemeinschaft.

len Veranstaltungen, Gäste und Pilger, die im Kloster übernachten, sowie Standesamt und kirchliche Trauungen. Personelle Unterstützung bieten Ehrenamtler – auch bei der Entwicklung neuer Formate. In der wöchentlichen Konventsitzung werden Aufgaben verteilt. Eingerahmt wird dieses Treffen von einem gemeinsamen Essen, das im Wechsel von einer Konventualin gekocht wird, sowie einer Andacht in der Kapelle, die eine der Konventualinnen hält. Zu einer weiteren Andacht an jedem Donnerstag sind auch Mitarbeiterinnen und Mitarbeiter sowie Gäste eingeladen. Die Woche klingt aus mit dem sonntäglichen Gottesdienst in der Gemeindekirche, traditionell im Chormantel und in eigener Sitznische, der Prieche.

Traditionen im Wandel

Die Wahrnehmung wohltätiger Aufgaben im sozialen Umfeld als Ausdruck gelebter Nächstenliebe gehört seit Jahrhunderten zum Selbstverständnis der Frauen des Klosters Walsrode. Auch heute geht jede Frau einer ehrenamtlichen sozialen Tätigkeit außerhalb des Klosters nach. Ausdruck dessen war schon im 16. Jahrhundert eine Armenstiftung für Mütter und Kinder, im Volksmund Heringsspende genannt. In Erinnerung an diese Tradition wurde 1981 eine Führung durch das Kloster für die Viertklässler aus der Stadt eingeführt. Seit wenigen Jahren ist eine musikalische Führung von Musikstudentinnen und -studenten, die sich mit kurzen Texten der Geschichte des Klosters widmet, hinzugekommen. Dabei durchstreifen die Mädchen und Jungen zunächst den „Langen Gang", einen Wohntrakt für Frauen, Pilger und Gäste. Dort hängen zahlreiche Wappen, die auf die früher vorausgesetzte adelige Herkunft ihrer Bewohnerinnen hinweisen.
Jährlich am 24. Juni dankt man dem Schutzpatron des Klosters, Johannes dem Täufer. Beim Johannissingen wird seiner in einer musikalischen Andacht in der heutigen Kapelle erinnert. Deren farbige Buntglasfenster im Chor über

Eine Schülerin entziffert ein Barockepitaph.

Schüler erkunden den begrünten Klosterkirchhof.

1842 von König Ernst August gestifteter Orden

dem Altar aus dem 15. Jahrhundert zählen kunsthistorisch zu den schönsten in Norddeutschland. Die Andacht, anlässlich derer Konvent und Äbtissin im traditionellen Habit einziehen, ist öffentlich und jeder darf mitfeiern.

Historie

Vor 986 wurde das Kloster von Graf und Gräfin Wale als Kanonissenstift an der Salzhandelsstraße Lüneburg – Frankfurt gegründet. Es bildet den Ursprung der heutigen Stadt Walsrode. Die Frauen der umliegenden adeligen Familien und Patrizierhäuser, die in das Kloster eintraten, besaßen Privilegien wie eine standesgemäße Lebensführung, einen jederzeit möglichen Austritt, eigenes Vermögen und Reisefreiheit. Ihre Hauptaufgabe lag im Gebet für ihre Familien und für das jeweils regierende Herrscherhaus. Nach 1517 sorgte Herzog Ernst von Braunschweig-Lüneburg für eine brachiale Durchsetzung der Reformation – gegen den Widerstand der Frauen. Er ließ den kirchlichen Besitz der Klöster säkularisieren und als Sondervermögen zusammenfassen, jedoch wurden die Klöster nicht aufgelöst, sondern der wirtschaftlichen Abhängigkeit des evangelischen Landesfürsten unterstellt.

Architektonisch stammt das heutige Kloster aus dem frühen 18. Jahrhundert, nachdem man nach einem verheerenden Brand 1482 sich über lange Zeit mit einigen Provisorien beholfen hatte. Ab Mitte des 19. Jahrhunderts fokussierten sich Äbtissin und Konvent auf karitative Tätigkeiten. Vom Kloster aus wurden vor Ort die erste Armenschule, der erste Kindergarten und das erste Krankenhaus gegründet. Heute zählt das nach wie vor von Frauen bewohnte Kloster zu den außerschulischen Lernorten im Heidekreis mit thematisch breit gefächerten Angeboten für Schulen und Kindergärten.

Kloster Walsrode

Das Haus, in dem sich heute Büros sowie die Wohnung der Äbtissin befinden, war eine Stiftung der Familie von Bothmer Mitte des 19. Jahrhunderts.

Eva von Westerholt, seit 2020 Äbtissin des Klosters Walsrode

Kloster Mariensee

Links: Blick von der Hauptstraße aus, dem früheren Wirtschaftsweg des Klosters – Äbtissin Bärbel Görcke auf dem Fahrrad. Oben: Eines der besonderen Merkmale der barocken Anlage ist das über einen Gang mit dem Konventgebäude dahinter verbundene Toilettenhaus.

Ein helle Gegenwelt, ein „Haus aus Licht" zu schaffen – das war Ziel der Baumeister, als sie zunächst die frühgotische Backsteinkirche des Klosters Mariensee im 13. Jahrhundert errichteten. Diese Kirche war für Nonnen bestimmt, die nach den Regeln der Zisterzienser lebten. In jenem Geist entstand auch das Konventgebäude im 18. Jahrhundert neu. In einer modernen Galerie unter dem Dach verändert sich das Licht von Nische zu Nische. Dort sind regelmäßig wechselnde Ausstellungen von Werken internationaler Künstlerinnen und Künstler zu sehen. Im Erdgeschoss führt das Klostermuseum in die Geschichte evangelischer Frauenklöster ein und stellt das Gebetbuch der Äbtissin Odilie von Ahlden vor. Weitere gern besuchte Angebote sind die Kräutergärten nach mittelalterlichen Vorbildern und Kurse für Meditation, Kalligraphie und Sticken.

DIE TÜR IST OFFEN
Wer eintritt, findet Stille,
manchmal Betrieb
Wer eintritt, kann sich erfrischen
Auftanken

DIE TÜR IST OFFEN
Hier spielt das Licht
Sprechen die Steine
Hier ist es hell und klar

DIE TÜR IST OFFEN
Frauen wohnen hier seit Jahrhunderten
Hörend-antwortend auf die
Fragen der Zeit
Dem Gebet verpflichtet

Äbtissin Bärbel Görcke auf der Prieche, einem Gebetsraum des Konvents; im Hintergrund das barocke Vortragekreuz

Ein Haus aus Licht – das Kloster Mariensee

Von Bärbel Görcke

Bedeutende Männer unterstützten ihre Schwestern und Töchter im Kloster: Im Jahr 1214 stiftete Graf Bernhard von Wölpe in Absprache mit seiner Familie einen Hof im Überschwemmungsgebiet der Leine. Die Verbundenheit mit dem Zisterzienserorden stellte sicher, dass das Land urbar gemacht wurde und die Frauen für das Seelenheil der Familie und ihrer Nachkommen beteten. Für das gemeinsame Gebet entstand die frühgotische Backsteinkirche und im Jahr 1522 die kostbare Handschrift der Äbtissin Odilie von Ahlden. Das von ihr den Nonnen gewidmete Buch wurde im Rahmen der Reformation theologisch über-

Klosterkirche aus der Gründungszeit, im 18. Jahrhundert barockisiert und seit dem 19. Jahrhundert mit neugotischer Ausstattung

A Ω

Klosterkammer-Präsidentin Thela Wernstedt und Bärbel Görcke
bei einer Ikone mit den Zeuginnen der Auferstehung

arbeitet und gehört zu den besonderen Schätzen des Klosters Mariensee.
Nach Einführung der Reformation stattete Probst Riddag den Konvent mit Stiftungen aus. Die Äbtissin selbst, zunächst seine Schwester, sollte darüber verfügen.
400 Jahre später schützten Beamte der Klosterkammer diese Rechte vor den Nationalsozialisten.
Als die Könige von Hannover auch Könige von England wurden, sorgte Johann Caspar Graf von Bothmer dafür, dass bis 1729 mit dem barocken Konventgebäude ein einzigartiges Zeugnis für geistliches Frauenleben entstand. Immer wieder finden nach Kriegen und anderen Gewalterfahrungen vor allem Frauen hier Zuflucht.
Auf der Prieche, einem Gebetsraum des Konvents, befinden sich viele weibliche Vorbilder des Glaubens, darunter Maria, die Mutter Jesu und Maria Magdalena, die erste Zeugin der Auferstehung.
Alle Elemente des heutigen Bildungsprogrammes gehen auf Ideen aus dem Konvent zurück: die Kräutergärten, die Stickwerkstatt, das Klostermuseum, die Kurse für Kalligraphie. Mal im Kleinen, mal im Großen hinterlässt jede Frau eine Spur.

Der Beginn der Benediktsregel, Kalligraphie von Martin Henze

Klöster und Stifte als FrauenOrte

Seit dem Reformationsjubiläum 2017 ist Kloster Mariensee in die Reihe der FrauenOrte eingebunden. Mit dieser Initiative des Landesfrauenrates Niedersachsen würdigt er historische Frauenpersönlichkeiten. Äbtissin Odilie von Ahlden und das Kloster Mariensee mit dem Stift Obernkirchen und Agnes von Dinklage (1918–1949), Leiterin der Landfrauenschule Obernkirchen des Reifensteiner Verbandes, stehen hier stellvertretend für die Frauen in allen Häusern.

Im Kloster finden regelmäßig Veranstaltungen statt, beispielsweise der Kurs „Klosterliche Kulturtechniken: Kalligraphie".

DIE TÜR IST OFFEN
Gott hat Raum in unserer Welt
Im Beten, im Singen
in allem, was wir tun
Und lassen

Und ich sah die heilige Stadt, das neue Jerusalem, von Gott vom Himmel herabkommen. Offb. 21, 2a

Kloster Mariensee

Ausstellung unter dem Klosterdach: Detail des Gemäldes „Ansicht des Kreuzes vom Jüngsten Tag" von Nikola Sariç

Kreuzgang im Osten mit Ausstellung

Der sogenannte „Eichgarten" mit Kräutergärten nach mittelalterlichen Vorbildern

Die Struktur der Gartenanlage aus dem 18. Jahrhundert ist denkmalgeschützt; die Bepflanzung auf Artenvielfalt ausgerichtet.

„Paradiesgärtlein" im Kloster Mariensee

Kloster Marienwerder

Die Klosterkirche Marienwerder ist die älteste Kirche in Hannover (links); Momentaufnahme im Garten: Äbtissin Ulrike Kempe (3. von links) mit Klosterfrauen, die sich auf ihr „Altenteil" zurückgezogen haben

Im Jahr 1963 gründete der Konvent des Klosters Marienwerder ein Altenpflegeheim, das gemäß der alten Klostertradition hilfe- und pflegebedürftige Konventualinnen, Kapitularinnen und Altäbtissinnen aus dem Verwaltungsbereich der Klosterkammer Hannover aufnehmen sollte. Seit 2014 bietet die Einrichtung den in die Jahre gekommenen Klosterfrauen ein Wohnzentrum mit ambulanter Versorgung und angegliederter Tagespflege an – für selbstbestimmtes Wohnen im Alter. Das Kloster verfügt über einen Fahrstuhl, ist barrierefrei und technisch auf dem neuesten Stand.

Selbstbestimmtes Wohnen im Alter – das **Kloster Marienwerder**

Ulrike Kempe mit Brigitte Brockmann, einer ehemaligen Konventualin aus dem Kloster Wienhausen

Von Kristina Weidelhofer

Ein Sommertag im sonnigen Garten des Klosters Marienwerder: Betagte Damen sitzen um einen Holztisch herum. Sie erzählen, scherzen, plaudern. Ihr Leben ist reich an Geschichten, sie haben viel erlebt. Was sie eint: Sie alle haben in einem der evangelischen Klöster innerhalb von Niedersachsen gebetet und gearbeitet, bevor sie sich nach Marienwerder auf ihr „Altenteil" zurückgezogen haben.

Ulrike Kempe, die Äbtissin des Klosters, hat sich dazugesellt: Sie ist für die Frauen zwischen 80 und knapp 100 Jahren diejenige, die fast alle Wünsche erfüllt – von der Organisation der Pflege bis zur wöchentlichen Andacht. Mit „ihrer Äbtissin" in der Mitte wird aus den gesetzten, gebildeten Damen plötzlich ein „lustiger Haufen", der manchmal Sekt statt Selters trinkt und gut gestimmt die hellen Tage genießt.

Das Besondere an Marienwerder ist, dass die Frauen in einem geschützten Wohnbereich leben und das Kloster daher nicht für die Öffentlichkeit zugänglich ist. Sie können dort ihren letzten Lebensabschnitt in gewohnter Klosteratmosphäre verbringen. „Dies ist ein guter Ort zum Leben und auch ein guter Ort zum Sterben", unterstreicht Ulrike Kempe.

Selbstständig und eigenverantwortlich können die ehemaligen Klosterfrauen ihren Tagesablauf gestalten. Bei Bedarf ergänzt eine Tagespflegeeinrichtung in unmittelbarer Nachbarschaft die ambulante Pflege. Außerdem können die Damen wählen, ob sie in der Gemeinschaft oder allein

Hell und freundlich: der Kreuzgang des Klosters Marienwerder

ihr Mittagessen einnehmen möchten, für ihr Abendessen sorgt jede Frau selbst. Freundlich und höflich ist das Verhältnis – aber auch altersgemäß distanziert: Die Bewohnerinnen siezen sich untereinander.

Zur Klosteratmosphäre gehört die wöchentliche Andacht im Konventsaal, die von verschiedenen Personen ausgerichtet wird – mal von der Äbtissin selbst, mal von ihrer Stellvertreterin, mal von Pastorinnen

Bärbel Horn, ehemalige Konventualin des Klosters Wienhausen, lebt gerne in Marienwerder.

Brigitte Brockmann in ihrer 2-Zimmer-Wohnung im Kloster Marienwerder, umringt von ihren Büchern

und Pastoren, die dem Kloster nahestehen. „Die Damen machen nur das mit, was sie wollen. Viele genießen auch endlich einmal das Nichtstun", sagt Ulrike Kempe. 15 Zwei-Zimmerwohnungen mit Küche oder Kochnische stehen den ehemaligen Klosterfrauen zur Verfügung. Entspannt und gelassen genießen die meisten dort ihren Lebensabend: selbstbestimmt, trotzdem „beschützt".

Die Äbtissin ist das Bindeglied zwischen den Bewohnerinnen und deren Angehörigen, sie ist aber auch gelegentlich Nachtschwester, Köchin, Seelsorgerin, Veranstaltungsmanagerin. „Da ich im Kloster wohne, bin ich sieben Tage die Woche ansprechbar", so die gelernte Krankenschwester und Berufsschullehrerin.

Dennoch ist die Arbeit im Kloster eine Teamleistung: Eine Konventualin unter-

Christine Spiegel, ehemalige Konventualin des Klosters Barsinghausen, bei der Gartenarbeit

Selbstbestimmtes Wohnen im Alter: Bärbel Horn und Ragnhild van de Sand, ehemalige Konventualin des Klosters Ebstorf

Die Bronzetür zur Klosterkirche stiftete die Kirchengemeinde Ende der 90er Jahre des 20. Jahrhunderts. Sie zeigt verschiedene christliche Motive, unter anderem das der aktiven Nächstenliebe.

stützt die Äbtissin, desgleichen neben einigen ehrenamtlich Tätigen eine Sekretärin, ein Hausmeister und eine Landschaftsarchitektin im Ruhestand. „Wir können auch noch mehr helfende Hände gebrauchen", unterstreicht Ulrike Kempe. Sie freut sich über Anfragen von Frauen, die dem Konvent beitreten und die Arbeit im Kloster unterstützen möchten.

Zum Kloster gehört ein Paramentenverein. Überwiegend Frauen aus der Gemeinde treffen sich hier zweimal pro Monat, um die Stickkunst im Klosterstich auszuüben. So fertigen sie textilen Schmuck für die Kirche wie beispielsweise Altartücher – so genannte Antependien – an, wie es schon die Nonnen im Mittelalter taten.

Auch der Friedhof hat seine Besonderheiten: Die Damen, die im Kloster sterben, werden bei ihren Heimatklöstern begraben. Auf dem Friedhof in Marienwerder finden die dortigen Konventdamen ihre ewige Ruhe. Auch Mitarbeiterinnen und Mitarbeiter der Klosterkammer können sich hier begraben lassen.

Zu außergewöhnlichen Anlässen wird der das Kloster von drei Seiten umgebende Garten auch für Interessierte geöffnet, beispielsweise bei Gottesdiensten, klassischen Konzerten oder für Projekte mit Schulgruppen wie dem „Bienentag". Dann surren Mädchen und Jungen aus Kindergärten und der anliegenden Grundschule über den frisch gemähten Rasen, die alten Damen freuen sich am Kaffeetisch über das junge Leben – und hängen längst vergangenen Zeiten nach.

Kloster Marienwerder

Die Klosterkirche in Marienwerder hat ihre ursprüngliche bauliche Grundform bewahrt.

Äbtissin Ulrike Kempe im Klostergarten

Ansicht des Klosters von Süd-West

Geschichte des Klosters in Kürze

Graf Conrad I. von Roden gründete das Kloster Marienwerder im Jahr 1196. Die dazugehörige, im romanischen Stil erbaute Kirche aus Naturstein ist die älteste der Stadt Hannover. Sie wurde 1200 vom Mindener Bischof geweiht. An deren zum 800-jährigen Jubiläum des Klosters gestifteten Bronzetür ist dessen heutige Hauptaufgabe dargestellt: die Nächstenliebe für die Bedürftigen.

Zunächst war das Kloster Marienwerder mit Augustinerchorherren besetzt, im 13. Jahrhundert lösten Augustinerinnen aus dem Stift Obernkirchen die Männer ab. Zwei Großbrände – in den Jahren 1335 und 1687 – zerstörten die Anlage. Das neu errichtete dreiflügelige barocke Konventsgebäude ist erhalten geblieben, wurde aber teilweise im 20. Jahrhundert umgestaltet.

Knapp 80 Jahre nach der Reformation erhielt das Kloster Marienwerder den Status eines evangelischen Damenstiftes. Die Frauen lebten zwar weiterhin in einer christlichen Gemeinschaft zusammen, legten aber kein Gelübde mehr ab und bewohnten großzügig geschnittene Wohnungen. Sie hatten außerdem die Möglichkeit, das Kloster mit Genehmigung der Äbtissin zeitweise zu verlassen.

Kloster Wennigsen

Der Innenhof (links) und die
Frauengemeinschaft des Klosters (oben)

Im Kloster Wennigsen, einem ehemaligen Augustiner-Chorfrauenstift, betet und arbeitet auch heute noch eine Frauengemeinschaft. Das alte Gemäuer umfasst mit seiner Kirche und den Nebengebäuden verschiedene Baustile – von der Romanik über die Gotik bis zum Barock. Früher lebten hier überwiegend Frauen aus dem Calenberger Landadel, heute bietet ein „fliegender Konvent" – gebildete, christlich orientierte Frauen aus unterschiedlichen Berufsgruppen – viele verschiedene Seminare an. Im großen Garten mit altem Baumbestand, verwinkelten Nischen, zahlreichen Obstbäumen und bunten Blumen verweilen die Kursteilnehmerinnen und -teilnehmer gerne. Es ist Raum für Meditation, innere Einkehr, geselliges Miteinander. Das Angebot ist vielfältig und bietet auch die Möglichkeit, mehr Klarheit für den eigenen Lebensweg zu finden.

Kloster Wennigsen – Stille und Begegnung

Von Mareile Preuschhof

Das Kloster liegt mitten in Wennigsen, einem lebendigen Ort mit engagierten Menschen, Gruppen, Vereinen und einer guten Infrastruktur. Im großen Klostergarten ist es trotzdem still. Eingefasst vom Wennigser Mühlbach und dem Mühlgraben hört man Plätschern, Vogelgezwitscher und das Summen der Bienen und Hummeln. Der Garten dient den Gästen als Rückzugsort.

Seit 2002 lädt das Kloster zum Meditieren, Beten, Innehalten und Zur-Ruhe-Kommen ein. Wochenendkurse, Klostertage, Einkehrzeiten mit verschiedenen Schwerpunkten wie auch Aufenthalte ohne Pro-

Äbtissin Mareile Preuschhof bei der Zusammenstellung von Blumenschmuck

Das Zeichen der Frauengemeinschaft in den Händen ihrer jeweiligen Besitzerin

Der sogenannte „fliegende Konvent" beim Meditieren

Ein Mitglied der Frauengemeinschaft im Meditationsraum

gramm gehören zu den Angeboten. Sie stehen in Bezug zur christlich-spirituellen, kontemplativ-mystischen Tradition. Die Suche nach spiritueller Stille, der Gegenwart Gottes steht dabei im Mittelpunkt. Insbesondere das Herzensgebet – eine frühchristliche kontemplative Meditationsform – und andere christliche Meditationen werden angeleitet und praktiziert.

Das Kloster ist aber auch ein Ort der Begegnung: mit Menschen, vor allem den hier vor Ort lebenden Frauen und anderen Gästen, mit sich selbst, mit der Schöpfung und dem göttlichen Geheimnis. Dabei kann man auf je eigenem Weg Höhen und Tiefen, Leid, Glück und Liebe erfahren. Wenn möglich und gewünscht, bieten erfahrene Begleiterinnen geistliche Gesprächsangebote an.

Die Atmosphäre des Klosters, biblische Texte, die Begegnung mit Jesus Christus und der allgegenwärtigen Geistkraft, das je eigene Herzenswort und die Natur im Klostergarten unterstützen darin, sich für das Geschenk tiefer spiritueller Erfahrungen zu öffnen, dem So-Sein in Gott.

Die Ausrichtung des Lebens auf Gott ist mit dem Sein in der Welt verbunden. Wie bin ich im Kern von Gott geschaffen? Wie kann ich die Liebe Gottes in mein Leben und Wirken einflechten?

Dem Kloster zugehörig ist eine Gemeinschaft von Frauen, die in ihrem spirituellen Weg verbunden sind und sich für diesen Ort engagieren. Sie sehen sich in der Tradition der Augustiner Chorfrauen, die einst das Kloster gründeten und sich für ein Leben mit Gott entschieden hatten.

Ein Gästezimmer im Kloster

Der Westflügel des Klosters mit Kirchturm und dem Jünglingsbrunnen

Der Nebeneingang im Ostflügel

Projektarbeit im Klostergarten: Freiwillige helfen beim Bau des Gartenlabyrinths

Die Besonderheit der Frauengemeinschaft liegt in ihrer Form als sogenannter „fliegender Konvent". Einige der Frauen leben im Kloster, andere haben Familie und Beruf an anderen Wohnorten. Mehrmals im Jahr treffen sich alle zum Meditieren, Hören und Austauschen in einem vertrauensvollen, ehrlichen und wertschätzenden Miteinander. Ihre Aufgaben erfüllt jede Frau nach Begabung und Kraft. Die meisten engagieren sich in den Kursen und der Gästebetreuung. Außerdem gehören das Schreiben des Newsletters, gemeinsam mit Freiwilligen die Pflege des Gartens und andere praktische Dinge dazu.

Als kultureller Ort pflegt das Kloster auch die Verbindung mit den Menschen in Wennigsen und der nahen Umgebung. Dabei hütet es einerseits die stillen Räume für die Gäste, öffnet Kloster und Grundstück aber auch für Konzerte, Theater, Führungen, Engagement im Garten und für Freiluftgottesdienste.

Stille und Begegnung – sich dem Leben überlassen.

Kloster Wennigsen

Blick durch das Tor auf den Vorhof und die Freitreppe sowie den Eingangsbereich des Klosters

Die sogenannte Mantelmadonna, um 1200 entstanden, ist die älteste Holzfigur im Kloster Wennigsen und war einst Wallfahrtsziel. Sie wurde Anfang des 20. Jahrhunderts unter der Nonnenempore bei Bauarbeiten wiederentdeckt.

Liturgie

Von Amélie Gräfin zu Dohna

Mit dem Begriff „Liturgie" bezeichnet man alle gottesdienstlichen Vollzüge und Riten der Kirche. In den Klöstern und Stiften war der ganze Tagesablauf liturgisch geprägt, das Jahr, das gesamte Leben.

In der Regel sieben Gebetszeiten strukturierten den Tag von morgens 4 Uhr bis abends 21 Uhr. Die Nonnen sangen auf dem Nonnenchor Psalmen und Hymnen im Wechsel. Dabei saßen sie sich im Chorgestühl gegenüber. Hinzu kamen Messfeiern, die ein Priester oder der Propst zelebrierten.

Das Jahr war durch kirchliche Festzeiten und zur Vorbereitung darauf durch Fastenzeiten gegliedert. Kirchliche Feste wurden oft mit Prozessionen begangen oder auch mit gesungenen und szenischen Aufführungen. Heute ist vor allem noch das Krippenspiel üblich. Um den Einzug in Jerusalem nachzustellen, gab es hölzerne Esel auf Rädern, für Karfreitag ein Heiliges Grab, für die Himmelfahrt ein Loch in der Decke der Kirche.

Viele Schätze, die die Klöster bewahren, dienten einem liturgischen Zweck. Altartücher, mit biblischen Themen und Heiligendarstellungen bestickt; Fastentücher, mit denen der Altar abgehängt wurde, damit in den entsprechenden Zeiten auch die Augen fasteten; Priestergewänder, Kelche, Statuen, Gemälde, Altäre.

Die Nonnen verfassten Andachtsbücher und Gesangbücher oder schrieben sie für ihren persönlichen Gebrauch und zum Verschenken ab. In Klosterarchiven haben sich besonders alte Beispiele erhalten, die auch in heutige Gesangbücher aufgenommen sind (zum Beispiel von 1380 aus Medingen das Osterlied „Wir wollen alle fröhlich sein", EG 100) oder bis in die Gegenwart in den Klöstern gebetet werden (etwa das Gebetbuch der Äbtissin Odilie von Ahlden von

Der Apostel Bartholomäus treibt einen Dämon aus. Detail aus einer Wollstickerei mit Szenen aus der Legende des Apostels, gefertigt im Kloster Lüne im Jahr 1492.

1522 in Mariensee). Durch das Gebet für ihre Angehörigen und für das Gemeinwesen, auch für die Gestorbenen, hatten die Nonnen eine wichtige Rolle in der Gesellschaft und eine Stellvertreterfunktion, sodass sie Stiftungen bekamen und hohes Ansehen erlangten.
Bis zur Reformation war Latein die Sprache der Liturgie. Im Kloster lernten es die Schülerinnen bereits als Kinder, sangen und psalmodierten in Latein. Für sie war die Reformation insofern unattraktiv, sie waren nicht darauf angewiesen, dass der Gottesdienst in der Volkssprache gehalten wurde. Es hat einige Zeit gedauert, bis die evangelisch gewordenen Konventualinnen und Kapitularinnen sich auf die deutsche Sprache umgewöhnt hatten.
Die klösterlichen Gebetszeiten wurden noch lange beibehalten.
Langsam änderten sich die Gewohnheiten. Aber die Andacht wird in den Klöstern durch die Jahrhunderte bis heute gepflegt. Dreimal am Tag läuten die Glocken, erinnern an die Gebetszeiten und rufen zum Gebet.
In den Niedersächsischen Klöstern und Stiften sind unterschiedliche liturgische Formen im Gebrauch: drei Gebetszeiten am Tag; ein Morgengebet oder ein Abendgebet nach der Form im Evangelischen Gesangbuch; Andachten mit Gesängen aus Taizé. Besondere Gottesdienste werden beispielsweise zu Weihfesten eines Klosters gefeiert, zu Gründonnerstag oder in der Osternacht.
In den meisten Klöstern sind die Andachten heute öffentlich, sodass auch Außenstehende mitfeiern können und – anders als im Mittelalter – auf dem Nonnenchor willkommen sind (zum Beispiel in Barsinghausen, Lüne, Wienhausen).

Amélie Gräfin zu Dohna ist Äbtissin des Klosters Lüne.

Stickerei aus dem 20. Jahrhundert nach älterer Vorlage aus dem Kloster Lüne

Kloster
Wülfinghausen

Tiefe spirituelle Erfahrungen oder eine Auszeit vom Alltag: Dieses Spektrum erleben Gäste im Kloster Wülfinghausen.

Wer ins Kloster Wülfinghausen kommt, um dort eines der zahlreichen Kursangebote zu besuchen, muss damit rechnen, dass durch die Atmosphäre der Stille existentielle Fragen und Gefühle aufsteigen: Freude und Trauer liegen dann nah beieinander. Zugleich erhält man einen Eindruck von modernem Klosterleben: Im dunkelgrauen Hosenrock mit einer silbernen Halskette einschließlich Anhänger – ein Kreuz in einem Kreis, dem Symbol der Gemeinschaft des Klosters Wülfinghausen – sind die dort lebenden Frauen leicht erkennbar. Die Communität ist durch ökumenischen Austausch geprägt und inspiriert. Tiefe spirituelle Erfahrungen oder einfach nur eine Auszeit vom Alltag – dieses Spektrum ist im Kloster zu finden. Ein besonderes Erlebnis bietet sich in der Osternacht um 6 Uhr, wenn die Gottesdienstbesucher zum Abschluss der Feier bei Anbruch des Tages um das Osterfeuer tanzen und singen: „Der Herr ist auferstanden!"

Zur Geschichte des
Klosters Wülfinghausen

Wasser – ein Symbol für Heilung und Erneuerung

Blumen, Kerzen und der „Engel Michael" empfangen die Gäste des Klosters.

Von Adelheid Wenzelmann

1236 wurde in Wülfinghausen, knapp 30 Kilometer südlich von Hannover und gut 30 Kilometer westlich von Hildesheim, ein Augustinerinnenkloster gegründet, das seit 1593 als evangelisches Damenstift weiter bestand. Vom ersten Klosterbau aus dem 13. Jahrhundert sind die Krypta und ein Teil des Kreuzgangs erhalten. Die gotische Kirche wurde um 1400 errichtet, das übrige Kloster mit dem neuen Kreuzgang nach einem Brand im 18. Jahrhundert in schlichtem Barockstil.

1994 lud die Klosterkammer Hannover Schwestern der Communität Christusbruderschaft Selbitz, Oberfranken, ein, das Kloster zu beleben und ein „Haus der Stille" zu führen.

Am 3. März 2013 wurde die Communität Kloster Wülfinghausen gegründet und damit die Eröffnung eines eigenen Noviziats, einer zweijährigen Ausbildung für das Ordensleben, ermöglicht. Vier Schwestern und zwei Novizinnen beleben das Kloster mit evangelischem Ordensleben. Seit 2014 teilen die „Assoziierten", ein verbindlicher Freundeskreis, die Spiritualität mit der Communität und unterstützen ihren Auftrag des Klosters in vielfältiger Weise.

Zur Spiritualität der Communität

2022 hat die Communität ihre Regel „Brief an eine neue Schwester" veröffentlicht. Für Frauen unter 40 Jahren ist über mehrere Wochen oder Monate eine Auszeit im Kloster möglich. Sie können in

Gemeinsame Freizeit: Die Schwestern der Communität beim Bocciaspiel

Die Communität im Kreuzgang des Klosters

Der „Gute Hirte" mit Lamm in der Krypta

dieser Zeit mit persönlicher Begleitung ihre Lebensspur finden und ihre Berufung klären. Das Kloster liegt einsam am Waldrand zwischen Feldern, eingebettet in die Natur. Diese Umgebung unterstützt die Atmosphäre der Stille und ist ein heilsamer Kontrapunkt zur Lautheit und Schnelllebigkeit unserer Zeit. Die Möglichkeit, im Garten mitzuarbeiten, hilft zu einem ganzheitlichen Dasein und erdet die inneren Wege.

Das Gebet ist der Atem des communitären Lebens. Drei gemeinsame Gebetszeiten in der Krypta und Zeiten der Stille geben dem Tag im Kloster seinen besonderen Rhythmus. Psalmen singen und das Hören von Evangelium, Harfen- wie Gitarrenklängen prägen die Gebetszeiten. In der gemeinsamen Fürbitte werden das Leid der Welt und die persönlichen Anliegen vieler Menschen vor Gott gebracht.

Verschiedene Formen von „Kloster auf Zeit" für Schülerinnen und Schüler, Studierende und Auszubildende öffnen die Möglichkeit, den Klosterrhythmus „ora et

Eine grüne Oase: die historischen Damengärten des Klosters Wülfinghausen

Musik spielt im Kloster eine große Rolle.

labora" – bete und arbeite – mit zu leben. Frauen und Männer zwischen 20 und 40 Jahren können in dieser Zeit ihren eigenen Fragen Raum geben und eine Perspektive für ihre Zukunft entwickeln.

Zum Auftrag der Communität

Das Engagement der Communität ist ihre Gastfreundschaft. Die Gäste können in einer Atmosphäre der Stille zu sich selbst kommen und Gott begegnen. Sie sind eingeladen, am klösterlichen Rhythmus teilzunehmen im Rahmen verschiedener Kursangebote. Bei allen Kursen gibt es die Möglichkeit zu einem persönlichen Gespräch über eigene Lebensfragen. Die Kursarbeit wird durch die Unterstützung der Klosterkammer und der Evangelisch-lutherischen Landeskirche Hannovers ermöglicht.

Monatliche Führungen und Abendgottesdienste, die musikalisch ausgestaltet werden, strahlen aus in die Umgebung.

Die Communität hat das kirchliche Umweltzertifikat „der grüne Hahn" erworben und sich verpflichtet, nachhaltig und ökologisch verantwortlich zu wirtschaften. Sie möchte auch die Gäste für einen nachhaltigen Lebensstil gewinnen.

Kloster Wülfinghausen

Die Krypta stammt aus der ersten Bauzeit des Klosters.

In Wülfinghausen bilden Kloster und Klostergut eine Einheit.

Stift
Fischbeck

Besucherinnen und Besucher genießen die Atmosphäre im Stift Fischbeck und besonders im blühenden Klostergarten.

Wer dem Pilgerweg zwischen Loccum und Volkenroda folgt, kann im Stift Fischbeck Quartier nehmen. Auch für Menschen, die ein paar Tage Stille und Ruhe suchen, ist dort eine Ferienwohnung buchbar. Wer mag, kann sich dann in die lange Geschichte des Stifts vertiefen, an Führungen teilnehmen, die Stiftskirche besichtigen, durch die Gärten wandeln und auch innehalten: An diesem besonderen Ort kommen Besucherinnen und Besucher mit den Stiftsdamen ins Gespräch, die ihnen dessen Geist näherbringen und so eine Brücke zwischen der Vergangenheit und dem heutigen Leben bauen. Zudem haben sie die Möglichkeit, durch Gottesdienste, Konzerte, Lesungen und andere Veranstaltungen das Stift kennenzulernen.

Hortus conclusus - das **Stift Fischbeck** und seine Gärten

Von Katrin Woitack

Ursprünglich dienten die Gärten der Versorgung der Menschen im Stift.

Eine Besucherin im Stiftsgarten

Eingebettet in die sanfte Hügellandschaft des Weserberglands liegt zwischen der Rattenfängerstadt Hameln und der alten Universitätsstadt Rinteln das Stift Fischbeck an der Weser. Es kann auf eine mehr als 1000-jährige Geschichte und Tradition zurückblicken. Gegründet im Jahr 955 durch eine Schenkung Ottos I. an die Edelfrau Helmburgis, war es ein Kanonissenstift für junge adlige Töchter. Sie erhielten umfangreiche Ausbildung, fühlten sich caritativen Aufgaben verpflichtet und hielten in den Tageszeitengebeten Fürbitte für verstorbene und lebende Angehörige. Dieser Tradition fühlt sich das Kapitel, die evangelischen Stiftsdamen, bis auf den heutigen Tag verpflichtet. Die Pflege des geistlichen Lebens ist die Mitte der Frauengemeinschaft.

(Fast) ohne Unterbrechung haben Frauen an diesem Ort gelebt, auch wenn epochale Einschnitte wie die Reformation, der Dreißigjährige Krieg, die Pest und die Säkularisierung das Schicksal des Stiftes geprägt haben. So sind die unterschiedlichen Epochen an den Baustilen der Gebäude ablesbar: eine romanische Basilika, Wohngebäude wie Dormitorium und Refektorium aus dem 13. und 14. Jahrhundert, Skulpturen und Kunstschätze, Ausstattung und Mobiliar in Gotik, Barock, Jugendstil, Klassizismus und Neoromanik. Das Herz des Stiftes bilden die Krypta von 1120 und der Kreuzhof, der vom Kreuzgang umschlossen wird. Ein besonderer Schatz ist die Orgel: Im Jahr

Besuchergruppe im Kreuzhof des Stiftes Fischbeck

1734 von dem berühmten Orgelbauer Johann Adam Berner errichtet, ist der wunderschöne barocke Prospekt erhalten und schmückt das neugebaute Instrument des Orgelbauers Martin Hillebrand von 2007. Es genießt hohe Anerkennung in der Fachwelt und lockt in jedem Sommer viele Orgelliebhaber aus dem In- und Ausland zu Orgelvespern und orgelkundlichen Führungen. Ein Hortus conclusus – ein geschlossener Garten –, dessen Stil-

Am Abteigebäude des Stiftes entlang führt ein Weg zu einem nahe gelegenen Pferdestall.

Innenansicht der Kirche in Fischbeck nach Westen

Das Kapitel des Stiftes Fischbeck nach dem Morgengebet

le und Harmonie einlädt zu meditieren, zur Ruhe zu kommen, der Seele Raum zu geben. Der umgebende Kreuzgang als Wandelgang ist geöffnet – nach innen und nach außen zu den umgebenden Stiftsgärten und zahlreichen Neben- und Wirtschaftsgebäuden, die ebenfalls von einer Mauer umgeben sind.

Ursprünglich dienten die Gärten der Versorgung der Menschen im Stift. Alte Karten weisen den Äbtissinnengarten, den Obstgarten, den Hopfengarten, Gemüsegärten und Stiftsdamengärten aus, die diese für ihre persönlichen Bedürfnisse nutzen konnten. Um 1800 gestaltete Äbtissin Dorothea Luise von Hammerstein einen Teil der Gärten als repräsentativen Garten nach dem Vorbild englischer Landschaftskunst: exotischer Baumbestand, Zierelemente wie Grotten und Bouqueterhöhungen, den sogenannten Neugierden, Sonnenuhr und Pavillon, Staudenbeete sowie verschlungene Wege zum Wandeln und Meditieren. Eine lange Fachwerkmauer markiert den Abteigarten mit Durchgang zu den Stiftsdamengärten, die jeweils durch Staketenzäune getrennt sind.

Petrus-Figur in der Stiftskirche, Anfang des 16. Jahrhunderts

Segnender Christus in der Abtei

Blick in den aus Querhaus, Chor und Apsis bestehenden Ostteil der Kirche

Heute sind die Gärten nach Themen benannt: der Bienengarten mit seinen Bienenvölkern, der Obstgarten, der Baumdenkmalgarten mit der über 700-jährigen Eibe und der Eiche, die auf 350 Jahre geschätzt wird. Der angrenzende Kräutergarten wurde nach dem historischen Vorbild der Anlage im Kloster St. Gallen gestaltet und beeindruckt vor der Kulisse der Fachwerkhäuser aus dem 18. Jahrhundert.
Vom alten Baumbestand im Äbtissinnengarten und entlang der Mauer sind die Gäste ebenso begeistert wie von der Allee, die in den südlichen Stiftsbereich führt, und von den Ensembles der Wildbirnen vor der Abtei oder der Linden mit der Rundbank und der alten Wasserpumpe, die das Entree des Stiftsgeländes bilden. Wer dieses nach der Brücke über den Nährenbach betritt, fühlt sich geborgen durch die Ruhe und Stille, die der Ort ausstrahlt, und die Gastfreundlichkeit der Stiftsdamen sowie der vielen ehrenamtlichen Begleiterinnen und Begleiter.
Pilgerinnen und Pilger, Konzertgäste, Touristen und Passanten, die dem Weserradweg folgen, freuen sich über Führungen, Konzerte, Lesungen und vor allem an den paradiesischen Gärten. Sie erinnern uns daran, dass Gott uns diese Welt zur Verfügung stellt und wir das Mandat haben, sie gut zu verwalten.

Stift Fischbeck

Äbtissin Katrin Woitack

Arkadenbögen im Kreuzgang geben den Blick in den Kreuzhof frei.

Bunte Blütenpracht mit Schmetterling im Kreuzhof des Stiftes Fischbeck

Stift Obernkirchen

Innenhof und Südseite der Stiftskirche (links). Der Stiftsgarten hinter der Stiftsmauer (oben) ist für die Öffentlichkeit nur bei Führungen zugänglich.

Ein Gebäudeensemble aus Obernkirchener Sandstein, gedeckt mit rötlich schimmernden Dachziegeln aus Sollingplatten – so imposant wie schlicht zeigt sich die Klosteranlage aus dem 12. Jahrhundert. Seit der Gründung bis heute ist das Stift ein Ort für alleinstehende Frauen, zunächst bis zur Reformation als Kanonissen-, danach als evangelisches Damenstift. Stets mussten sich die Bewohnerinnen dem Wandel der Zeiten anpassen, ohne die Tradition zu vernachlässigen. So beherbergte der Westflügel vom Beginn des 20. Jahrhunderts bis Anfang der 70er-Jahre eine Schule für ländliche Hauswirtschaft des Reifensteiner Verbandes, seit kurzem steht hier ein Gästehaus mit Tagungsmöglichkeiten zur Verfügung. Im Stift finden auch Vorträge, Konzerte und Ausstellungen statt, die weit über Obernkirchen hinaus ausstrahlen.

Der Teufel und die Seelenwaage auf dem Antependium der Damenempore

Auf dem Kirchplatz in Obernkirchen findet alle drei Jahre ein Bildhauersymposium statt.

Das Stift Obernkirchen
– eine mittelalterliche Burg aus Sandstein

Von Sybille Schlusche

Historische Bauuntersuchungen der vergangenen Jahre anlässlich von Sanierungsarbeiten zeichnen ein spannendes Bild der mittelalterlichen Stiftsanlage in Obernkirchen. Gegründet 1167 durch Bischof Werner von Minden, wuchsen die Gebäude mit umgebender Stiftsmauer und angelegtem Vorwerk mehr als zweihundert Jahre bis zur heutigen Ausdehnung und bilden auch heute noch ein einmalig geschlossenes Ensemble. Bedingt durch den unverputzten Obernkirchener Sandstein, wirkt das Stift als feste Burg, eine Stadt in der Stadt, ein Komplex getrennt vom bürgerlichen Stadtbezirk. Der mittelalterlichen Entstehungszeit entsprechend sind an den Außenmauern noch Reste von Verteidigungseinrichtungen in Form von Schießscharten zu finden.

Die umfangreichen Bauuntersuchungen an den Stiftsgebäuden weisen auf ein erstaunliches Alter der einzelnen Häuser hin. Der sogenannte Schafstall, ein Ge-

Bildhauerin bei der Arbeit

Künstlerinnen und Künstler des Bildhauersymposiums 2024 vor dem Westflügel des Stiftes

treidespeicher, ist als Originalbau aus der Mitte des 14. Jahrhunderts mit Dachstuhl und Lagerböden unverändert bestehen geblieben. Zu betreten ist das Gebäude durch zwei spitzbogige frühgotische Eingänge. Die aus der Entstehungszeit original vorhandenen Böden im Dachgeschoss mit Klemmnutbohlenreihen und Verbretterungen von Eichenbohlen mit beidseitigen tiefen Keilnuten, mit heutigen Begriffen Nut und Feder, weisen auf die Nutzung als Getreidespeicher hin. Der Erhalt dieser Getreideschüttböden von 1334 ist ein Befund von herausragender Bedeutung und Seltenheit.

Zwei rechteckige Nischen im darunterliegenden Geschoss fallen durch eine Verankerung mit ungewöhnlich mächtigen Werksteinen im Mauerwerk auf und können als mittelalterliche „Tresore" gedeutet werden, in denen besonders wertvolle Gegenstände oder Aufzeichnungen gelagert werden konnten. Man kann deshalb vermuten, dass es sich bei dem Gebäude auch um einen mittelalterlichen Fluchtspeicher gehandelt hat, der als Schutzraum für die Menschen in Gefahrenzeiten genutzt werden konnte. Der Bau dieses sogenannten Schafstalls erfolgte damit etwa zur gleichen Zeit wie der Umbau der Stiftskirche von der romanischen Basilika zur gotischen Hallenkirche um 1355.

Im geschlossenen Klausurgarten ist ein Gebäude als Erweiterungsbau erhalten geblieben, das kurz nach der Reformation, etwa 1570, erstellt wurde. Vermutlich als Brau- oder Backhaus errichtet, fand es später als Wohnhaus für Kapitularinnen Verwendung.

Dachstühle aus vielen unterschiedlichen Jahrhunderten sind in gutem Erhaltungszustand in sämtlichen Stiftsgebäuden zu

Eines der Ausstellungsobjekte anlässlich des Bildhauersymposiums 2024 im oberen Teil des Getreidespeichers

Abbundzeichen an einer Holzkonstruktion im Dachstuhl des Stiftsgebäudes

Der fast vollständig erhaltene Gang der Zehntscheune aus dem frühen 14. Jahrhundert wird heute für Veranstaltungen genutzt.

Moderne Skulpturen von Jupp Franke an einem Nebeneingang am Südflügel des Stiftes

finden. Auffallend ist die moderne Technik ihrer Erstellung. Alle Anschlüsse im Dach und an den Dachstuhlkonstruktionen sind gezapft und mit Holznägeln gesichert, eine für frühere Zeiten hochmoderne Technik in dieser Region.

Die Gebäude des Klausurbereiches haben noch die historische Dachdeckung mit rötlichen Sandsteinplatten. Der violett- bis rötlichbraun gefärbte Stein wurde wegen seiner leichten Spaltbarkeit gern verarbeitet und hat eine gute bis sehr gute Wetterbeständigkeit, so lohnte sich auch der Transport von der oberen Weser aus den Steinbrüchen des Sollings.

Stift Obernkirchen

Das Stiftsgebäude von Südwest mit blühender Cosmea

Kloster
Barsinghausen

Im Kloster Barsinghausen finden auch Veranstaltungen wie der Impulsvortrag „Komposition" im Rahmen der Niedersächsischen Barocktage 2024 statt (Konventsaal, oben).

Es ist das kleinste und älteste Kloster im Calenberger Land – das Kloster Barsinghausen. Gut erreichbar mit öffentlichen Verkehrsmitteln und zentral gelegen, erleben Besucherinnen und Besucher nach dem Schritt über die Schwelle etwas Faszinierendes: Gerade noch mittendrin im Lärm und in der Hektik des Lebens, erreichen sie einen Ort der Ruhe und Erhabenheit – nicht aus der Welt gefallen und trotzdem im wohlgewählten selbstbestimmten Abseits. Dort erwartet sie das, was sie finden möchten: Oft ist es ein Sich-Sammeln nach einer anstrengenden Lebens- und Arbeitsphase. Ganz bestimmt treffen die Suchenden aber auf jemanden, der auf sie wartet und ihnen zuhört, der sie tröstet und sie annimmt, so wie sie sind.

Westflügel, Oberer Klostergang

Südflügel, Unterer Klostergang

Gott ist schon da. Einladung ins **Kloster Barsinghausen**

Von Dr. Henrike Wahl

Auf einem Lehnsgut des Mindener Bischofs gründeten zwei Adlige im ausgehenden 12. Jahrhundert in Berchingehuse – heute Barsinghausen – ein Augustiner-Doppelkloster, in welchem nebeneinander Chorfrauen und Chorherren lebten. Schon wenige Jahrzehnte später ist allerdings nur noch ein reines Frauenkloster bezeugt. Dieses hatte über die Reformation hinaus als evangelisches Damenstift Bestand.

Bis in die Gegenwart ist das Kloster ein Ort geistlichen Lebens unter Leitung einer Äbtissin geblieben.

Gemeinsam mit der auf die Gründungszeit zurückgehenden romanischen Klosterkirche St. Marien umschließt das rund 500 Jahre jüngere Konventgebäude mit seinen

Blumen aus dem Klostergarten

Südflügel, Gästezimmer

Die Klosterkirche St. Marien wurde erstmals 1198 urkundlich erwähnt.

Christus am Kreuz. Dieses Symbol ist im Kloster oft zu finden.

KlosterZeit: Nach „ora" folgt „labora".

drei Flügeln einen von außen nicht einsehbaren Rosen-bestandenen Innenhof. Die östliche Begrenzung wird von einer durch Nischen gegliederten Mauer sowie der Baumkrone einer großen Linde gebildet. Im lichtdurchfluteten Obergeschoss des barocken Baus stehen für Gäste in zwei Wohnungen vier helle Einzelzimmer zur Verfügung.

Ein herzliches Willkommen gilt Menschen von nah und fern: Das Kloster öffnet seine Pforte für Einzelgäste, deren Lebensthemen und Glaubensfragen sie einen Ort der Stille, des Gebets und der Begleitung suchen lassen. Alleinstehende evangelische Frauen mittleren Alters können nach einer längeren Probezeit in den Konvent eintreten und damit im Kloster ihren Lebensmittelpunkt finden.

Frauen und Männer, manchmal auch Jugendliche und Kinder finden unabhängig von Konfession und Kirchenzugehörigkeit im Kloster Barsinghausen einen Ort, an dem sie ankommen und verweilen dürfen. Die meisten sind einer eigenen Sehnsucht auf der Spur, hoffen auf Klärung, Erkenntnis, Versöhnung, Trost. Nicht wenige betreten mit dem Schritt über die Klosterschwelle Neuland – zuweilen eine Herausforderung, ein Abenteuer im besten Sinne.

Eine solche individuell zu vereinbarende mehrtägige „KlosterZeit" ist immer geprägt durch den Halt gebenden Grundrhythmus von Ora et labora – Bete und arbeite: Die Gäste sind eingeladen zur Teilnahme an den Tagzeitengebeten sowie zu tatkräftiger Mitarbeit in Kloster und Klostergarten. Von Tag zu Tag können so Vertrautheit und Verbundenheit mit dem Ort und seiner besonderen Ausrichtung wachsen – zur Freude aller.

In persönlicher Stille, in einem gemeinsamen, gesungenen Psalmgebet und im begleitenden geistlichen Gespräch gibt es hinreichend Raum und Zeit, um manches in Bewegung zu setzen, anderes zur Ruhe zu bringen – und um selbst äußere und innere Ruhe zu finden.

Dank der alten, das gesamte Areal in weitem Bogen umschließenden Sandsteinmauer wirkt das Klostergelände inmitten der Kleinstadt wie eine Insel: ein segensreicher „Anders-Ort", den es für Menschen unserer Zeit und für künftige Generationen zu bewahren gilt.

Porträt der Konventualin Marie Caroline von Seebach (1725 – 1784)

Die farbigen Glasfenster auf der Prieche sind nach einem Entwurf von Kurt Sohns, einem Barsinghäuser Künstler, gestaltet.

Regelmäßig – wenn auch mit Rücksicht auf die klösterliche Stille nicht allzu oft – finden öffentliche Veranstaltungen statt: besondere Gottesdienste der Evangelischen Kirchengemeinde im Klostergarten, Kammerkonzerte hochbegabter junger Musikerinnen und Musiker im Konventsaal, das jährliche „Café im Kloster" im Innenhof, Klosterführungen mit Einblicken in ansonsten geschützte Bereiche.

An hauptamtlich Mitarbeitende evangelischer Landeskirchen wendet sich das zielgruppenspezifische Kursangebot der Einrichtung „inspiratio". Diese ermöglicht unter dem Dach des Klosters im Rahmen einer sechswöchigen Auszeit Rückzug, Entlastung und Stärkung. Zahlreiche und höchst unterschiedliche Menschen spüren die Anziehungskraft des Klosters. Wer ihr nachgibt, wird oft reich beschenkt. Wer einmal hier einkehrt, wird nicht lange fremd bleiben, darf sich einfinden, einleben, einbringen. Wer sich am Ende des Aufenthalts mit einem Reisesegen auf den Rückweg in den Alltag macht, hat nicht selten die nächste „KlosterZeit" längst ins Auge gefasst.

Wann auch immer jemand wiederkehrt: Ganz gewiss wird Gott schon da sein.

Kloster Barsinghausen

Jahreslosung 2024

Äbtissin Henrike Wahl im Klostergarten

Stift
Börstel

Stiftskirche (links) und Kirchvorplatz mit Abtei (oben). Eine Besonderheit des Stiftes ist, dass das Gelände nicht von einer Mauer umgeben ist.

Das Stift Börstel, urkundlich erstmals im Jahr 1246 erwähnt, ist ein ehemaliges Zisterzienserinnenkloster am nördlichen Rand des Landkreises Osnabrück und liegt mitten im Wald. Mittlerweile ist es ein Freiweltliches Stift, das als ökumenische geistliche Gemeinschaft mit acht evangelischen und zwei katholischen Kapitelplätzen für Frauen eine Besonderheit in der heute noch bestehenden Kloster- und Stiftslandschaft in Niedersachsen darstellt. Einzelgäste sind im Stift zwischen April und November zu „Ora et Labora"-Aufenthalten willkommen.

Eröffnungsgottesdienst zum Klostermarkt mit Äbtissin Britta Rook auf dem Stiftsgelände

Besucherinnen durchschreiten den erhaltenen Teil des Kreuzgangs.

Gelebte Ökumene im
Stift Börstel

Von Britta Rook

Helles Sonnenlicht flirrt durch das frische Buchenlaub, wenn man sich der alten Zisterzienserinnen-Abtei Stift Börstel in den Frühlingsmonaten durch den Wald nähert. Der 800 Jahre alte Klosterort, der seit 400 Jahren eine ökumenische geistliche Gemeinschaft beherbergt, lässt selbst wenig spirituelle Menschen den Geist Gottes spüren. In der Waldeinsamkeit, in alter zisterziensischer Tradition eine Fußwegstunde vom nächsten Ort entfernt, liegt das mittelalterliche Klostergebäude auf einem Endmoränensporn, der an drei Seiten von Moor umschlossen ist.

Die Gäste in Tagungsstätte und Jugendgästehäusern sowie in den kleinen Ferienwohnungen oder -häusern können hier aus einem hektischen Lebensalltag zur Ruhe kommen. Schöpfungsspiritu-

Der ehemalige Kornspeicher auf dem Stiftsgelände

Die Stiftskirche des ehemaligen Zisterziensernonnenklosters wurde im 13. Jahrhundert erbaut.

elle Erfahrungen auf den Gartenflächen, im Wald oder am Bach lassen sie wieder zu sich selbst finden, egal ob als Einzelreisende oder als Gruppe. Und wer als Ora-et-labora-Gast für eine längere Zeit mit in Börstel lebt, in engem Kontakt mit den Heidschnucken auf den Obststreuwiesen rund um den Stiftshof, bei Arbeit im Gemüse- oder im Sakristeigarten, der verspürt vielleicht zum ersten Mal in seinem Leben eine Erdung und Präsenz des Schöpfers. Die jungen Erwachsenen und Jugendlichen im Jugendkonvent und im Freiwilligen Geistlichen Jahr genießen es, mal nicht mehr nur mit dem Kopf zu arbeiten, sondern ganz händisch einen kleinen Teil zur Bewahrung der Schöpfung beitragen zu können.

Die täglichen Stundengebete und Gottesdienste in der liturgischen Form von Taizé gliedern das Leben der Frauen der geistlichen Gemeinschaft – der Kapitula-

Abendstimmung in klösterlicher Abgeschiedenheit

Das Waldlabyrinth ist beliebter Ort für alle, die es entdecken.

rinnen – und ihrer Gäste. Und bei nächtlichen Laternenführungen können Groß und Klein sich in das Leben der Zisterzienserinnen ebenso einfühlen wie in den üblichen Stiftsführungen am Tage.
Plötzlich schallt Kinderlachen vom Bach herüber zur ehrwürdigen gotischen Backsteinkirche. „Ein Frosch, ein Frosch!" Ringelnatter, Erdkröte, Turmfalke, Waldkauz oder Schleiereule – und gar nicht zu reden von den Fledermäusen in der Kirche – können von den Kindern und Jugendlichen in den Freizeiten hautnah erlebt werden. Für die Grundschulkinder auf Klassenfahrt oder die Konfirmandinnen und Konfirmanden sind das oft erste intensive Naturerfahrungen. Und die biblischen Schöpfungsberichte oder der Psalm 23 werden plötzlich ganz nah erlebbar.
Der Klosterküchen- und der Sakristeigarten bieten ebenso Raum für Meditationen wie der romantische Klosterbach, der über

Die täglichen Stundengebete auf der Nonnenempore

das Gelände fließt. Der nachhaltig bewirtschaftete Wald, der die ökonomische Grundlage für das Stift darstellt, und das seit 2008 durch Jugendkonventualinnen angelegte Waldlabyrinth bieten weitere Möglichkeiten.
Und wer länger mit im Stift leben möchte – es gibt sowohl für Jugendliche als auch für Erwachsene unterschiedliche Programme, die dies möglich machen: als Ora-et-labora-Gast, im Jugendkonvent, im Freiwilligen Geistlichen Jahr – und das unabhängig von Konfessionen, Kirchenzugehörigkeit, Alter oder Geschlecht.

Stift Börstel

Auf dem Stiftsfriedhof im Wald sind überwiegend ehemalige Äbtissinnen und Kapitularinnen begraben.

Kapitularin Johanna Pointke in der Stiftskirche

Blick in den Altarraum

Der Stiftswald gewährt trauernden Eltern Raum für die Erinnerung an ihre verstorbenen Kinder.

Stift Bassum

Die Stiftskirche gehört heute der Ev.-luth. Kirchengemeinde Bassum (links). Auf dem Stiftsgelände befinden sich viele Skulpturen (oben).

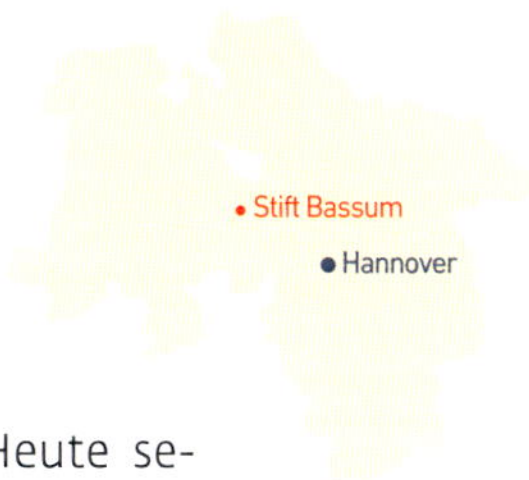

Konzerte oder Trauungen im Kapitelsaal: Heute sehen die Zusammenkünfte in der Mitte des 18. Jahrhunderts erbauten Abtei natürlich anders aus als zur Gründungszeit des Stiftes Bassum vor mehr als 1000 Jahren. Die bekannteste Äbtissin dort hieß Richardis von Stade und war eine enge Vertraute der damals schon berühmten Mystikerin Hildegard von Bingen. Als Ort von kulturellen Veranstaltungen hat das Stift in der Region südlich von Bremen heute einen hohen Stellenwert. Die Mischung aus spätbarocker-klassizistischer Wohnkultur und hochkarätigen Ausstellungen oder Lesungen zieht regelmäßig zahlreiche Menschen in das ehemalige Kanonissenstift. Das Besondere an dieser Lebensform war, dass die Frauen kein Ordensgelübde ablegen mussten und damit die Freiheit hatten, die Gemeinschaft wieder zu verlassen. Die Aufnahme hatte aber ihre Hürden: 16 adelige Vorfahren mussten die Stiftsdamen vorweisen, um auf dem Stiftshügel leben zu dürfen.

Literarischer Abend im Salon

Bassum –
das älteste Frauenstift Europas

Gemälde mit Richardis von Stade (links), Bassums berühmtester Äbtissin

Von Isabell von Kameke

Das Stift Bassum kann auf eine mehr als 1150-jährige Geschichte zurückblicken. Es wurde nach der Aachener Kanonissenregel von 816 noch vor dem Jahr 858 gegründet und gilt als ältestes noch bestehendes Frauenstift in Europa. Den Kanonissen war, im Unterschied zu Nonnen, Privatbesitz erlaubt. Auch konnten sie das Stift mit ihrem Eigentum wieder verlassen. Ihre Hauptaufgabe war das feierliche Gotteslob, die Fürbitte für Lebende und Tote, die Ausbreitung des christlichen Glaubens in der Region und die Fürsorge für die Armen. Unverheiratete Töchter des Adels erhielten hier eine angemessene Versorgung und Bildungsmöglichkeiten.

Blick in den mit handgemalten Tapeten ausgestatteten Kapitelsaal des Stiftes Bassum

Der Zugang zur Bildung war im Mittelalter und vielfach auch noch später für Frauen nicht selbstverständlich. Nur wenige kulturelle Zeugnisse früherer Bewohnerinnen wie beispielsweise Bücher sind im Stift erhalten geblieben, da die Frauen diese oft in ihrem Privatbesitz hatten und zudem etwaige Bestände durch Kriegsereignisse verloren gegangen sind.

Über den gesamten Hausrat einschließlich Bücher und anderer Wertgegenstände verfügte bei einem Auszug die Kapitularin selbst, bei ihrem Tod übertrug sich dieses Recht auf ihre Erben. Schon sehr lange haben die Frauen, die wir heute als Kapitularinnen bezeichnen, eigene Häuser bewohnt. Sie durften sogar eigenes weibliches Personal beschäftigen. Die Häuser mussten auf eigene Kosten errichtet und durften auch nur an andere Kapitularinnen veräußert werden. Gelang dies nicht, waren die Frauen oder ihre Familien verpflichtet, die Bauten abreißen zulassen. Mit dieser Regelung sollte das Stift vor wirtschaftlicher Überforderung geschützt werden, denn eine Häufung von Ablösungen hätte bei einer schlechten Finanzlage schnell den Ruin der ganzen Institution bedeuten können.

Da die Äbtissin die niedere Gerichtsbarkeit innehatte und auch das Polizeirecht im Stift von ihr durchgesetzt wurde, war es wichtig, im Stiftsbezirk nur stiftszugehörige Personen wohnen zu haben.

Seit 1541 werden ausschließlich Frauen mit evangelischem Bekenntnis aufgenommen.

Die Abtei wurde Mitte des 18. Jahrhunderts erbaut.

Mittelpunkt des Abteigebäudes ist der prächtige Kapitelsaal.

Detail des Antependiums: „Luftfahrt Alexanders des Großen", 13. Jahrhundert

Vor mehr als 150 Jahren ist die Residenzpflicht aufgehoben worden und auch die Armenfürsorge findet nicht mehr statt.

Die Gebäude des Stifts liegen zusammen mit der majestätischen Stiftskirche malerisch auf einem kleinen Hügel und bilden in zwei Höfen ein harmonisches Ensemble. Die sehenswerte Kirche St. Mauritius und St. Viktor, Baubeginn um 1230, gehört seit 1932 nicht mehr zum Stift.

Die Abtei, ein großer Fachwerkbau, wurde zwischen 1753 und 1757 errichtet. Seither dient sie ununterbrochen als Repräsentations-, Wohn- und Verwaltungsgebäude. Der Repräsentationszweck wird am Treppenhaus und im prächtigen Kapitelsaal deutlich. Letzterer – mit seiner wunderschönen Wandbespannung aus Rupfen – ist äußerst sehenswert und niedersachsenweit einzigartig. Die hochempfindlichen textilen Tapeten wurden bis 1781 mit spätbarocken und klassizistischen Elementen in den Tönen Rosa und Grau bemalt. Der Saal dient als Versammlungsraum für besondere Stiftsanlässe. Daneben wird er aber auch für standesamtliche Eheschließungen und Konzertveranstaltungen genutzt.

Eine große Besonderheit stellt das Antependium aus dem 13. Jahrhundert dar. Auf dem kunstvoll gefertigten Altar-Vorhängetuch wird die legendäre „Luftfahrt Alexander des Großen" dargestellt. Dieser in Deutschland wohl einzigartige Altarschmuck ist zusammen mit einigen anderen interessanten Stücken in einem kleinen Ausstellungsraum zu sehen.

Im kleinen Stiftshof stehen mehrere Fachwerkhäuser, die früher von den Kapitularinnen bewohnt worden sind, heute aber an nicht dem Stift zugehörige Personen vermietet werden.

Das kulturelle Interesse der Stiftsfrauen ist nach wie vor groß und zeigt sich insbesondere in den Konzerten, die seit vielen Jahren im Kapitelsaal der Abtei zu hören sind. Auch Literaturveranstaltungen, Vorträge und Kunstprojekte zählen zum Angebot des Stiftes.

Stift Bassum

Blick aus der Abtei auf das Stiftsgelände

Fotografin

Katrin Kutter hat in Hannover Fotojournalismus und Dokumentarfotografie studiert und arbeitet vor Ort hauptsächlich als Zeitungsfotografin mit den Themenschwerpunkten Soziales und Familie.

Im Rahmen des Buchprojekts für die Klosterkammer durfte sie mit ihrer Kamera zahlreiche Tage in den niedersächsischen Stiften und Klöstern verbringen. Dort wurde sie mit einer vorher unbekannten Ruhe und vor allem zahlreichen anregenden und schönen Gesprächen mit den Bewohnerinnen beschenkt.

- Die Calenberger Klöster
- Die Lüneburger Klöster
- Die Damenstifte

Klöster & Stifte im Bereich der Klosterkammer Hannover